班级管理难题 35 问

李迪 —— 著

长江文艺出版社

图书在版编目（CIP）数据

班级管理难题 35 问 / 李迪著. --武汉：长江文艺
出版社，2022.8
（大教育书系）
ISBN 978-7-5702-2750-1

Ⅰ．①班… Ⅱ．①李… Ⅲ．①班级－学校管理 Ⅳ.
①G424.21

中国版本图书馆 CIP 数据核字 (2022) 第 113137 号

班级管理难题 35 问
BANJI GUANLI NANTI 35 WEN

责任编辑：马 蓓　　　　　　　责任校对：毛季慧
封面设计：天行云翼·宋晓亮　　责任印制：邱 莉　　王光兴

出版：长江出版传媒　长江文艺出版社
地址：武汉市雄楚大街 268 号　　邮编：430070
发行：长江文艺出版社
http://www.cjlap.com
印刷：湖北画中画印刷有限公司

开本：710 毫米×970 毫米　　1/16　　印张：12.875　　插页：1 页
版次：2022 年 8 月第 1 版　　2022 年 8 月第 1 次印刷
字数：182 千字

定价：39.80 元

我们去寻找一盏灯

那天，在阳光斑驳的树荫下，同事问："生活因什么而美丽？"她是一个物理老师。她其实想让我回答"生活因光而美丽"。但是一向被文学滋润的我哪里知道？我脱口说："生活因爱而美丽。"同事便有"鸡同鸭讲"的无奈："生活还因什么而美丽？"我认真想了想，说："对于我李迪而言，生活因分享而美丽……"

随着年龄的增长和阅历的丰富，我越来越感觉到，生活因分享而美丽。在教室里对学生讲课是分享；在公众号里写教育随笔是分享；利用业余时间开线上或线下的讲座还是分享……

我似乎是为分享而生的，我不知道除了分享还能做什么。

在无数次线上、线下的讲座交流中，听课老师也会和我分享他们遇到的班级管理棘手问题："同样一个学生，别的老师踹他一脚都没事，我就批评了他几句，他竟然给我玩失踪……""学生没有带走读证却要出校门，门卫师傅把我这个班主任训斥一顿……""学生抽烟、迟到、早恋，还讨厌我说教……""一看见某个学生的行为，我的气就不打一处来，怎么也控制不了……"

有时候，我会在晚自习下课后收到远方朋友惊慌失措的短信："李老师，我刚才看见两个'早恋'学生有出格行为……"或者："不得了啦！学生受了委屈要结伴退学……我怎么向校长交代啊……"

更有人在我的公众号留言："现在的家长只顾赚钱，不管孩子，导致留守儿童怨恨父母、漠视生活……""家有二宝、三宝总是闹矛盾，影响了学生成长……""我阻止学生在晚自习上捣乱，学生和我对吼了两节课……"

老师们就这样向我求助，远方的、身边的、小学的、初中的、年轻的、年长的、男的、女的……在旁观者看来，一个个故事跌宕起伏、精彩纷呈，甚至忍不住要捧腹大笑；当事人那一刻却心急火燎、焦头烂额、生无可恋、欲哭无泪……李迪何德何能，竟如此受人信任？我便一一回答，丝毫不敢有居高临下的指导，或耳提面命的说教。我只是娓娓道来自己对教育、对学生、对班级管理的看法。文笔一如既往地简洁、流畅，故事一如既往地鲜活、生动，感情一如既往地温婉、细腻，思维却越发清晰明了。我的每一篇文章都分为三部分：第一，聊一聊"为什么"。我会从心理学、社会学等角度，用通俗易懂的语言去阐述问题的根源、人性的弱点。第二，谈一谈遇到此类事情应遵循的原则。比如，我在回答"一看见某个学生的行为，我的气就不打一处来，怎么办"这一个问题时，会说道：老师看不上学生的地方（拖延、懒惰、撒谎等），也许恰好是我们老师压抑、嫌弃自己的地方。当我们接纳了自己的不完美，对学生就会更加宽容……我谈到"骄傲就是不自知""谦逊就是既知道自己是谁，也知道自己不是谁"……最后是第三部分，叙一叙"怎么办"。我常常用"将大象放冰箱"的三步骤，明确指出第一步做什么；第二步做什么；第三步再做什么……比如，在回答"学生在遇到突发事件后，控制不住自己的情绪怎么办"这个问题时，我提出缓解学生愤怒及悲伤的"四招"。第一招：降低他的重心；第二招：倾听；第三招：重复；第四招：触摸。每一招都详细地解释了具体怎么做。

朋友们说我这样的回答"观点深刻而新颖""有理有据逻辑性强""极具操作性"……因此，这些文章一度成为教师参加"全国班主任素质能力大赛"备赛时必看的文章。

老师们这样的评价鼓励了我，朋友们这样的咨询也丰富了我。

有人看我年复一年地努力，日复一日地投入，甚至要忘了时间，忘了自己，他们问我苦吗？累吗？值得吗？他们纳闷我究竟在寻找什么。

我想起了顾城的诗歌——《我们去寻找一盏灯》。

走了那么远

我们去寻找一盏灯

你说它在窗帘后面

被纯白的墙壁围绕

从黄昏迁来的野花

将变成另一种颜色

走了那么远

我们去寻找一盏灯

你说它在一个小站上

注视着周围的荒草

让列车静静驰过带走温和的记忆

走了那么远

我们去寻找一盏灯

你说它就在大海旁边

像金橘那么美丽

所有喜欢它的孩子

都将在早晨长大

走了那么远

我们去寻找一盏灯

……

　　我年复一年、日复一日地践行、思索、分享，是要去寻找一盏灯啊！我不苦、不累、也值得。我走了那么远，我用尽一生最好的年华，去窗帘后、小站上、大海边……寻找那盏像金橘那么美丽的灯……然后告诉你：喏！它就在这里——当你打开这本书，你也许就看见了它的光，虽微弱，却温暖而含情。

李　迪

2022 年 2 月 24 日

目录

第三辑　突发事件篇

第四辑　家校合作篇

第一辑

师生关系篇

1 班主任与学生关系极度恶化，怎么办？

李老师：

您好！我想问，对网上层出不穷的学生伤害老师事件和幼儿园"虐童案"，您有什么看法？

今天上课，我先后被两个学生骂，难听的语言就不描述了。原因是他们违规，我罚他们，他们不愿意，边骂边握紧拳头，怒目圆睁，让我背后一阵凉。这是两个月以来第三次这样了。第一次是被一个学生站操场上指着骂，说："我是未成年人，可以骂你，你骂我我把你录下来发网上去，你就死翘翘！"还有一次在班级群里骂我是"狗老师"！我自问：他们的餐卡是我帮忙充值的，他们的鞋子、衣服很多次都是邮寄到我家，我再给他们拿到学校，过生日我帮他们订蛋糕、送蛋糕，换来的是敌视、怒骂！我绝望了！我生理年龄34岁，但是心理年龄20岁左右，是女汉子型。骂我的学生都学过四年武术，刀枪棍棒都练得不错，因为受不了太严格的武术学校而放弃，辍学一年，被家人安排进我们学校学习，他们兄弟之间很讲义气，在教室内外一起喝酒，一起打牌，一起通宵上网，一起上课睡觉玩手机，一起不搞卫生，叫他们搞卫生就喊不读了。学生对班主任仇视至此，我们应该怎么办？这样的学生，还要给他们机会吗？我们可不可以选择放弃？

蔡老师

蔡老师：

您好！

非常理解您的心情，每次看到网上老师打骂学生，或学生辱骂老师的案例，我都深叹：将这些问题放到一起来深入分析原因，是迫在眉睫的事情。

一、幼儿园老师打骂孩子和学生长大后辱骂教师等现象，可能与他们童年时的经历有关

我一直是中职学校学前教育专业的班主任，当我在课堂上谈到幼儿园令人发指的虐童事件，我的学生义愤填膺，纷纷保证类似事情绝不会出现在自己以后的工作中。但是，潜意识的事，岂是学生保证就能做到的？

那天，我说自己在网上看到一篇文章，一个女孩说：有时候，她看到小动物毛茸茸的很可爱，就特别想使劲揉它捏它，严重的时候会特别想狠狠地揪它一下……

我的话没说完，学生就纷纷点头："是的是的，有时候我也会有这样的想法。我的闺蜜看见非常可爱的孩子，也会忍不住要掐他们的脸，想把他们弄哭……"

万事万物，其实都是我们心灵的镜子。只是有些人，在美好事物的身上，照见了不堪的自己。心理学家武志红说："有些人的童年过得并不幸福，在他们还是弱小的孩子的时候，没有得到过呵护，只有虐待和伤害。这让他们的内

心有一个'被折磨的、弱小的孩子'。当他们看到可爱的孩子，或者是弱小的动物，他们内心中潜藏的痛苦会被唤起。这些体验会被投射到更弱小的孩子身上，自己就变成了当年'施虐的暴君'，从而产生冲动去折磨这些可爱的孩子。这种施虐的冲动，就像是在说：'你如此可爱，让我看到了我难过、哭泣、恐惧的样子。我也曾经这么可爱过，但我的难过和恐惧只能藏在心底。与其藏在我这里，还不如放到你身上……'"

接着，我问自己的学生："如果我小时候有被虐待的经历，我敢不敢将如此虐待投射到你们身上？"

学生纷纷笑："你不敢。"

我问："为什么？"

学生不说话，我便替他们回答："因为你们个子比我高，力气比我大，我打不过你们啊！而且你们会告状。"但是某些幼儿园老师攻击比自己弱小很多的孩子，不但可以释放自己曾经被压抑的愤懑，还不用担心什么。这些因素，让童年有太多痛苦的幼儿教师，一旦有机会，就忍不住去折磨孩子。

再回到中学生辱骂、欺负老师的案例中。随着孩子年龄的增长，他们到了青春期，他们自以为成了强者。面对教师的柔弱，再加上社会舆论的导向（"我是未成年人可以骂你，你骂我我把你录下来发网上去，你就死翘翘！"），他们的自我极端膨胀，倘若控制能力稍弱，就可能将以前自己弱小时受到的气，发泄到教师身上。

在某一个弑师案中，罗某杰成绩优异，却存在被家暴的过往。因此，他很有可能是将从前家长对他的一些伤害，转移到了班主任鲍老师身上。故而一点点小事，就让他勃然大怒。蔡老师的那几个学生，学了四年武术，同时认识到自己骂老师其实很安全，不必承担责任时，也会变本加厉欺负老师。

若要改变此现象，还希望所有的幼儿教师、家长都学习一些心理学，并对自己小时候曾经受过的伤害进行疗愈。这既是为了自身的幸福，也是为了幼儿园孩子的健康。

二、施与受的不平衡是破坏师生和谐关系的根本原因

在上文的案例中，鲍老师对罗某杰"关注有加……为他争取了助学金"，在罗某杰和任课教师产生矛盾后，鲍老师还多次和他谈心。

但是，罗某杰却挥刀砍了鲍老师 26 刀。

为什么？

归根结蒂，是双方施与受的不平衡导致。

人类的关系始于施与受，而施与受又开启了我们的清白与罪疚的经验。"施"可以给人清白感，而只"受"不"施"，可能带来罪疚感。

教师带着期待而付出，接受的一方（学生）则感觉自己背负着回报的义务。教师付出越多，学生压力越大。如果付出方明里暗里向孩子指出："我是为你好！"孩子内心则会更加无助且愤懑——他明明感觉压力很大、很难受，却连反驳的理由都没有，因为对方确实是为了自己好啊！这时候，除非最终的施与受达到平衡，否则无论是付出方还是接受方，都不会满意。孩子压力太大的时候，便会爆发。

一般情况下，学生为了维持前述清白的愉悦感，会有以下三种行为模式。

1. 自我设限

即拒绝参与任何形式的交流，他们宁愿封闭自己，也不愿接受来自他人的任何赠予。如此，无须背负对任何人的责任。

有的学生会用这种方式来减轻压力，他们内心想的是：我不需要你为我付出那么多。比如，我的儿子刚上高中的第一个月，我每天中午都回家给他做午饭，月考成绩揭晓，名次很不理想。儿子强烈要求以后在学校吃午饭，免得我过于劳累。我思索一番，意识到自己的过分付出对他是一种压力，便同意了，他的压力随之变小，成绩反而进步。

因此，很多家长为了孩子上学，辞去工作，失去事业，这种过分付出，打

破了施与受的平衡，孩子压力巨大，往往会适得其反。

同理，教师的过分付出，也会导致同样的情况。

因为"施与"是一种美德，"接受"便也需要一定的勇气。人都有自己的尊严。接受的太多却无以回报，便觉得自己不如人，对不起对方。在心理扭曲的状态下，就会出现错误的行为。

再如：张三经常帮助你，而你经常帮助李四。那么，你是愿意和张三在一起，还是愿意和李四在一起？

也许理智上你觉得应该和张三在一起，因为人家总帮助你。事实上，你潜意识里愿意和李四在一起。因为面对张三，你有面对债主的感觉。你总觉得自己不如对方；而面对李四，你会有一种优越感。

蔡老师说："他们的餐卡是我帮忙充值的，他们的鞋子、衣服很多次都是邮寄到我家，我再给他们拿到学校，过生日我帮他们订蛋糕、送蛋糕，换来的是敌视、怒骂……"

也许，这就是问题的关键之一——蔡老师对学生有太多的"施"，却没有"受"，破坏了其中的平衡。

所以，有时候我们让学生适当为班级付出、为老师付出，反而能和谐师生关系，有利于学生的健康成长。

在班主任微信群里，漯河某一个中专的李玉华老师看了蔡老师的案例，也分享了一个案例：

我曾经遇到过一个从小学武术的女生，活脱脱一个假小子，爱动拳脚，曾经一口气摔倒三四个男生。她向来表现的是"任我行"的个性。有一次周末晚上喝酒喝得不省人事，我听说后派四个男生，连扛带拖地把她弄回寝室。这次事后我觉得必须得想个办法，让她找到自己正确前行的方向，否则，总有一天会出大乱子。其实这个女孩骨子里也很实在，很乐于助人，只是遇到事情过于孟浪，不冷静。我建议她成立一个武术协会，由我出头和学生科沟通，制定协会章程，师生各有职责。后来，这个女孩子变化很大，在二年级时，还组建了一个轮滑兴趣小队，在学校表现得很出彩。二年级下学期的秋季运动会上，她热情高涨，一个人为我班拿到三个第一名。我觉得，对于学生，一要深入了解其问题根源，二要帮助学生找到自己喜欢的事情，充分发挥学生的特长，使之慢慢走到正道上来。

这是让学生付出而引导学生成长的成功案例。一些孩子成绩差，会以欺凌弱小学生、与教师对着干等方式，来获得自己的价值感、存在感。蔡老师说自己是"女汉子"，以后不妨试着和这几个男生平等相处，甚至适当示弱，请这几个孩子帮助自己。既然他们讲义气，又怎么好意思欺负和自己真诚交朋友的班主任？我们让他们在为班级的付出中获得价值感，当学生的施与受能够平衡，他们便能感受最深沉的满足。

老师们回忆一下自己身边人际交往较成功的人，是否是愿意付出，同时也愿意接纳的人？

我认识一个人际交往能力特别强的职教专家——翁孝川老师，他无论走到哪里都深受欢迎。后来，我就发现，他对身边每一个朋友都特别真诚、热情，他愿意付出，同时每到一个地方，他也会坦然接受朋友们的招待，招待不必奢华，只为"三人行必有我师"的交流。如此交流，双方又都在"施"的同时完成了"受"。而我，常常因为不肯麻烦别人，拒绝参与交流，我的人缘就远远不如他。

2. 助人者症候群

否定自己对他人的需求，他们常以一种"宁让人负我，也不愿我负人"的生活原则，以此让自己站在"道德制高点"上，让对方有"亏欠"自己的负罪感。

比如一个极度缺乏安全感的女人，每天任劳任怨、无私奉献。有时丈夫（孩子）想替她做些事情，她会拒绝。这是因为她潜意识希望对方欠着自己，她误认为如此就可以将丈夫（孩子）牢牢拴在身边。但是，她没有想到，男人最需要的是价值感的满足。如果女人不愿意接纳男人（孩子）的付出，男人就会感觉在这个家里没有自己的位置，实现不了成就感，满足不了价值感，于是会向外去寻求。

因此，我们在师德培训中提出的"无私奉献、不求回报"，在心理学中，是有待商榷的。教育必须尊重科学，仅凭情怀，很容易好心办坏事。当然，师生的"回报"绝不是金钱的回报，而是爱心、耐心、尊重、参与班级管理等。

3. 充分交换

这是最美好的一种体验清白的方式，即在充分给予及接受后的满足感。这种充分的"施与受"，将会滋养师生关系、亲子关系、亲密关系。这意味着一方不论得到什么，都能平衡地回报另一方。

上文李玉华老师的案例，也可充分论证这一点。

我们小额的交换将带来少许利益，大量的施与受则带来丰富与幸福的感受。这样的幸福并非从天而降，而是在付出后，大量的回报为我们带来的满足、正义与平静。在各种维持清白感的方法中，这样的方式最能让我们获得自由，这样的清白感将使我们心满意足。

不仅仅是对学生，教师对自己的工作、事业也如此。当我们认真阅读、思索、备课、上课，为课堂付出心血，又受到了学生的欢迎，获得同事和领导的认可，便有极大的幸福感。反之，不努力、不付出，也没有收获，便难免空虚、无聊、无价值感。人最大的痛苦，莫过于无助、无望、无价值感。

三、对于个别问题过于严重的学生，"放弃"有可能是另一种有效的教育方式

医院对于自己治不了的重症病人，会劝他们转院，这是尊重事实；心理咨询师对于不适合自己的来访者，会转介其他咨询师，这是尊重来访者的成长。为什么我们就要一意孤行，认为没有自己教不好的学生？从理论上讲，教师或

者某学校放弃某个学生，其实不是真正的放弃，而是如同医院要求病患转院、咨询师把来访者转介同行一样，是尊重事实的做法（不负责任地开除学生例外）。毕竟每个教师的性格、价值观不一样，能力也有差别，何不让学生去找更适合自己的导师？

在金庸的小说《神雕侠侣》中，杨过可谓典型的"问题孩子"成功逆袭的案例。

杨过出生于一个单亲家庭，后来成了孤儿，他的启蒙老师黄蓉对他有偏见，第二任老师赵志敬不但不关心他，甚至还欺负他……杨过最终被开除，遇到了第三任老师小龙女，终于成为品学兼优的好学生……

根据心理学家弗洛姆《爱的艺术》里所说，母爱的特点是包容、无私、无条件，如大地一般温厚、博大："我爱你，因为你是我的孩子。无论你犯多大的错，闯多大的祸，我都依然爱你、接纳你。"——这就是无条件的爱，能给孩子安全感。

孙婆婆对杨过的爱，就充满了母性之爱的特点。孙婆婆要求小龙女照顾杨过，也使小龙女对杨过的爱有了无条件性。

但母爱的无条件性，会让孩子不必积极进取就能获得所需，故而难以成材——反正我无论如何做，你都会爱我嘛！我何必要努力？而父性之爱，却是有条件的："我爱你，是因为你像我，因为你达到了我的要求。否则，我的惩罚是要降临的……"父爱似乎不如母爱无私，却恰恰因为其有条件性，而让孩子在成长中更容易严格要求自己，能获得更多价值感。小龙女清冷的性格，导致她作为教师，对杨过要求十分严格，让杨过睡"千年寒玉床"，无论多么冷，也毫不迁就。

所以，一个孩子的健康成长，离不开母性之爱和父性之爱的和谐滋润。谁敢说，我们对某一个孩子的"放弃"不是一种爱的方式？杨过因离开黄蓉和赵志敬而成长，换一个环境，可能更能激起孩子的上进心。如果学生听说老师"放弃"自己，从而惊慌失措、表示要痛改前非，我们正好利用此机会，让学生严格要求自己。

很多人看过拙著《她不仅仅只叫"刺麻苔"——四个问题孩子的成长及反思》后，纷纷感慨：只要我们是真正地尊重学生、关心学生，懂得爱的艺术，那温情脉脉固然是爱，冷落争吵也不失一种教育。所以，对于教育，我认为应该学习医学界和心理学界的实事求是讲科学——行，就是行；不行，就换个思路和环境，也许是柳暗花明又一村。

2 老师隔着屏幕被学生骂了 8 分钟，怎么办？

网上热搜一则新闻：山东某县学生宋某上网课迟到，加上几天化学作业没做，化学老师就当堂批评了他。没想到，该学生情绪激动，认为老师是侮辱自己，在网课直播过程中用方言对老师大吼大叫，辱骂老师长达 8 分钟之久……

这件事引起了众网友纷纷议论。网友们一边谴责骂人的学生宋某不像话，一边对被骂的老师赞不绝口。事后，宋某家长也向老师道了歉。

老师也说："他毕竟还是个孩子，我原谅他……"

将心比心，如果我们是在课堂上被辱骂的老师，辛辛苦苦教书，兢兢业业育人，最后被学生骂了 8 分钟……还好这是网上直播课，很多人都看到了，网友们都关注了，还高度赞美了老师的正确做法，而家长也认真道歉了……如此，老师的委屈被"看见"了！她心里多少会舒坦一点吧！因为心理学里说，"看见"，即疗愈。

然而，现实里，又有多少老师在课堂上受了委屈，却没有人知道，没有被"看见"？

所以，遇到学生隔着屏幕或当面点着鼻子骂老师，最好的做法是"看见"学生的愤怒，也"看见"老师的伤痛。

设想一下，如果不是直播课，估计宋某骂也就骂了，没有人知道，没有人搭理，也没有家长道歉，甚至有人站着说话不腰疼："你批评他迟到交作业，他就会骂你？谁信啊！"或者"他为什么不骂别的老师只骂你？肯定是你……"

老师该多委屈？

你三岁的孩子玩具坏了，伤心至极，号啕大哭。你说："哭什么哭？不就一个玩具坏了吗？多大点事儿？回头妈妈再给你买一个……"孩子更加伤心，因为你没有"看见"他的伤痛。

如果你换句话说："宝贝儿玩具坏了啊……我看到你很伤心……妈妈小时候玩具坏了也会很伤心……你这样难过是可以理解的……"这个孩子可能就不哭了。因为你"看见"了孩子的伤痛。

2020年抗疫期间，我家楼上的邻居卫生间漏水了，浸透了我家天花板，地上还积了一摊水。万般无奈，我去楼上敲门。在这个非常时期，人家不愿意开门。我理智上是可以理解的，但心里非常难过——因为我的伤痛没有被"看见"。后来，邻居非常积极地到我家来看，又安慰我说："我马上就想办法解决此事。看你家装修这么好的房子，要是因为漏水给弄坏，就太可惜了……"在他说完这句话的同时，我的心里就舒服了，认定了他是个好人。只因为他"看见"了我的伤痛。

再如，你在淘宝上买了一件衣服有问题，你要求调换，客服却迟迟没有回应。你的气肯定会越积越多……因为客服没有"看见"你的不满和失望。

很多时候，我们和他人生气，为什么非要对方一个"对不起"呢？对不起也就一句话而已，但是对方一说，我们的心顷刻间就舒坦。

因为真诚的歉意里，蕴含着"看见"。

我相信，案例中的老师是真的谅解了辱骂她的宋某，她以后也会更加理智地对待课堂上的突发事件。因为所有人都"看见"了她的委屈，她的宽容，她的大度。从积极的层面讲，这件事对于老师有"钢化"的作用。

所谓钢化，就是让一个人在不断的挫折中，渐渐变得坚强。

你有没有这样的经历？你和同事张三发生了矛盾，公说公有理，婆说婆有理，你们俩都很伤心。因为你们没有相互"看见"彼此的委屈。忽然有一天，张三想通了，说："唉！这事要是搁到我身上，我也会像你一样生气……"一句话，让你有了被理解、被同情的愉悦，你忽然就感觉张三这个人也不是那么讨厌了，因为他（她）"看见"了你的痛苦和不满。你们经历了这么一个合作、矛盾、转化、原谅的过程，说不定以后就成铁哥们儿了呢！

需要注意的是，对方在道歉后，我们要见好就收，而不是一味指责对方，因为"看见"，应该是相互的。

再回到前文的案例中。个人认为，辱骂老师的宋某脾气那么暴躁，也许需要专业的心理咨询师的帮助，去化解他心头的戾气。同时，我认真观看了师生双方争执的视频，感觉宋某和老师根本就不在一个频道上。宋某一直在辱骂，老师一直在问：难道你没有迟到吗？难道你不是没有交作业吗？难道我批评错了吗？

在这里，我给读者朋友们一个建议：当学生在情绪激动的时候，不要和他争输赢。这时候的输赢一点也不重要，对方在谩骂的时候，他听不见你辩解的话，你怎么争都争不赢的，不如成熟一点……

成熟的标志，不是一味证明你是对的，对方是错的；而是即使在认为自己对的情况下，也要耐心地听听对方的心声。

也许，如果我是这位老师，那样劈头盖脸被学生辱骂，我做得还没有她好。但是现在让我们痛定思痛，再遇到学生情绪激动之下斥责辱骂老师（我们不敢保证以后不会有这样的事情发生），我们应该怎么办？

更好的办法不是辩解，而是耐心地倾听这个暴怒的宋某的宣泄。他翻来覆去也就是一句"你杵么（侮辱、嘲讽）谁？你杵么谁"。我们不争辩，就那么认真地倾听——反正也听不懂他骂的什么，而且你不想听他也要骂，干脆就让他骂。他重复四五个"你杵么谁"估计也就没意思了。这时候，老师可以说："宋某，我一点也不否认你的观点，当着这么多同学的面批评你，让你感觉很难受。这事要是换成了我，我这样被人当众批评，肯定也会很难受……"这时候，宋某因老师批评而产生的愤怒和被侮辱感，就被"看见"了，他心里也就会舒坦一点。老师继续："那……你看看你总是迟到、不交作业，该怎么办呢？你有没有什么好办法……现在咱们正在上课，我们课下再交流，好吗？"

作为教师，我们会努力"看见"学生。同时，多么希望，我们老师下次再受委屈的时候，也能被学生"看见"。

3 同一个学生，别人能批评，你不能批评，怎么办？

> 李老师：
>
> 　　刚才学生差点和我发生肢体冲突……原因是在操作课上，他有意地捣乱，我批评了他，他就用脏话骂我。我很气愤，和他对骂了几句，他就准备抢起板凳向我砸过来。后来被学生拉住，他才没有砸过来……但我心里始终不舒服，很难过这个坎，我该怎么办？
>
> 　　　　　　　　　　　　　　　　　　　　　　　魏老师

我非常同情魏老师。

但是，聪明的朋友，你有没有发现问题出在了哪里？

无论如何，老师都不可以和学生对骂啊！学生用脏话骂我们，自然是学生的错；我们和学生对骂，岂不是变得和学生一样？最后学生抢起凳子砸我们，难道我们也抢起凳子……我们肯定是不能打学生的，何况打也打不过。无论最终结果如何，老师都会受伤害。

前天，我和同事在一起就餐，谈到这个话题，同事叹息："也不是说，老师一定不能骂学生。有的老师骂学生也是很凶的，但学生服气。以前我在初中当老师，亲眼看见一个非常优秀的教师，气急了踹了学生一脚，把学生都踹得坐到了地板上（在此特别声明：打学生是不对的），令人惊奇的是，这个桀骜不驯的学生没有反抗，只是低头不语。旁边一个年轻教师看见了，有样学样。他在上课的时候，这个学生又一次捣乱，年轻老师拎着这个学生的衣领，让他出去。学生不服，硬着脖子和老师犟起来，差点动手……然而，放学时，老师发现该生不在教室；下午依然没见。年轻老师慌了，赶快报告了学校……提起为什么要拎学生的衣领，这个年轻老师表示很委屈：'别人踹他一脚都没事，我不过拎起了他的衣领，他的反抗怎么就这么强烈？'而学生的回答是：'那个老教师踹我一脚，我服气，因为我们班学生都喜欢他，我也尊重他，我们都觉得老师踹我是关心我，是没有放弃我；而这个年轻教师，我们都不喜欢他。我被他拎起来后，觉得在同学们面前很丢人，所以……'"

聪明的您看见了吗？同样的一句话，一件事，不同人做起来，就有不同的效果。原因何在？

因为我们平时对学生的关心、爱护、尊重……就相当于往学生的感情银行里存钱；而我们对学生的要求、批评等，就相当于在学生的感情银行里取钱。如果我们没有在学生的感情银行里存足够多的钱，却经常去取钱，便会出现透支现象；透支多了，会上黑名单；一旦上了学生的黑名单，我们对于学生，就是打也打不得，骂也骂不得……甚至爱也爱不得。

大约在十几年前，我带的一个班级，学生非常团结。但是，某科任教师总是跟我说，学生上他的课根本不听……我去调查，才知道，这个老师在第一次上课的时候，问："我教的这门课，你们班谁的成绩最好？"同学们纷纷回答："小高。"

老师："请小高同学站起来回答一个问题……"

然而……

这个问题太难了，小高一时回答不出来，老师便开玩笑般讥讽道："这就是你们班成绩最好的同学？连这样的题目都答不出来……"

明眼人已经看出来了，这位科任教师第一次上课，还来不及在学生感情银行里存钱，就透支了这么一大笔。小高当时很生气，坐下来往桌子上一趴，再也不听这位老师的课了……班里同学本来就不太喜欢这门课，平时也都挺喜欢小高，于是纷纷向小高学习，也往桌子上一趴……

呜呼！

我这样说，并非表明我平时就一定做得非常好。相反，我现在带的班级，近期学生学习也不太积极，我难免恨铁不成钢，却也在反思：有没有一种可能，我伤害了学生，而我自己根本就不知道？

大约七八年前，我听说我班学生在语文课上极不配合，就非常纳闷，因为这个语文教师很优秀，课堂组织尤其好……细问之下，才知道，那天老师上《合欢树》，挑一个学生站起来谈自己对母亲的感情。好巧不巧，这位同学在三岁的时候，母亲就和父亲离婚远走他乡；上小学时，她父亲因病去世。这么多年来，女孩子跟着奶奶生活，奶奶每天都在骂母亲的冷漠无情、不负责任。所以，这个孩子站起来，一句话也不说。同学们纷纷给老师使眼色，但是老师没有感受到，只是一遍遍启发这个女生要说出母爱的伟大。老师百般努力，学生却启而不发，不免责怪这个女生不懂得感恩，女生当时就哭了……

就这样激起了众怒。

从此，大家在课堂上再也不肯和老师配合了。青春期的孩子，就这么任性。我们无数次在学生的感情银行里存钱，却很容易因为无意中的一句话，就把存款花光，甚至透支，上黑名单。

更严重的是，有时候我们想给学生往感情银行里存钱，但是人家不要，人家拒绝……

为什么？

因为学生感觉到我们目的不纯。

比如，有的老师在学生违纪后会说："我对你这么好，你怎么又违纪了？"学生一愣，马上意识到我们对他们好，原来是为了将来有一天控制他们。他们不愿意被控制，就会排斥——老师的一句话就把自己存在学生感情银行里的钱花光，同时你再给他存钱，他要吗？他不会再要。

"豫兮其若冬涉川，犹兮其若畏四邻"，岂虚言哉？

谨慎迟疑啊，像冬天涉水过河；畏惧顾虑啊，像提防四周围攻。这话，就是对我们教师说的。

多么浅显的道理！我却在文章结尾的时候，才意识到：同一个学生，不但别人能批评，你不能批评，有时候甚至是，别人能爱，你也不能爱啊！

4 公开课上，学生回答不出问题，师生都很尴尬，怎么办？

> 李老师：
>
> 　　学校领导来听我的班会课，我挑选一个学生站起来回答问题，学生可能因为紧张，站起来满脸通红却回答不出来，当时师生都非常尴尬，班会也陷入了僵局。您遇到过这样在课堂上很尴尬的局面吗？遇到这样的情况，怎样给彼此一个台阶？
>
> 温老师

　　缓解课堂上因学生回答不出问题而导致的尴尬，有一个句式："对不起……请原谅……谢谢你……我爱你……"

　　温老师所说的这种情况，我当然遇到过。那一天，有上级领导来检查我校教学情况，督导专家在听我的课。我在讲台上激情四射，一个女生在讲台下目光炯炯，看上去听得津津有味，我就挑她站起来回答问题。然而，她的脸瞬间布满红云，支支吾吾。我忽然意识到：她不会！她那么目光炯炯地看着我，其实没有听懂，或者根本就没有听，所以，她那么尴尬地站着，好像做错了事被我当场"抓包"了……

我心底涌现的疼痛瞬即布满全身——谁小时候没有这样尴尬过？我觉得被"抓包"的好像是我而不是她。

于是，我走到她身边，很真诚地说："对不起！我不知道你没有准备好回答这个问题……请你原谅我，可能是我没有讲清楚……而且，我要谢谢你，虽然我没有讲好，你却还在这么认真地聆听，这对我是极大的鼓舞……以后我一定要更加努力地备课，我会尽量让自己的语言简单明了。因为，我希望你能在课堂上有收获，我希望你有一个辉煌的前程。因为，我爱你……"

我似乎感受到了全班同学的认可，以及听课老师的赞赏——这才是真正的以人为本。

难道不是吗？我非常理解那些成绩不好的同学，他们在课堂上听不懂，却不能睡觉、不能说话、不能玩手机，还要目光炯炯地看着你，用假装能听懂的样子给老师鼓励……你，难道不该对人家说声谢谢吗？

我运用的句式是："对不起……请原谅……谢谢你……我爱你……"前两句是忏悔（或者叫反思），后两句是感恩。一个教师（或者家长）既有反思，又有感恩，他（她）的生活必然富足、快乐，他的教学质量必然节节提高。这个句式是夏威夷一个心理学家提出的，他发现某一民族幸福指数特别高，就去做调研。调研后发现这个民族的人很喜欢说这几句话，于是推广开来。这个句式可以让我们在一种纯粹的爱、包容与平静的状态下，聆听自己内心的声音，吸收灵感与力量，进而创造一种健康、平静与快乐的人生！这是我们缓解课堂尴尬有效的方式之一，还可以深厚师生感情，让我们身心都很健康。所以，我有时候也会将这几句话教给学生。

有一次，我在一个班上课，当时也讲了这四句话，我刚刚说道："对不起……请原谅……谢谢你……"一个男生头也不抬来了一句："我不爱你！"

同学们哄堂大笑——善意的笑。

带着满面尴尬，我走到这个男生面前，再次真诚地说："对不起！可能是我曾经伤害过你，所以你对我有这么大的意见。请你原谅我的粗心大意，我伤害了你，自己竟然还不知道……而且，我要谢谢你，虽然你对我意见这么大，却还在认真听我的课……

我还没说完，这个男生就抬头笑道："老师，其实我也爱你……"

聪明的，您告诉我，听了这句话，你还会生气吗？说完这句话，这个男生还会对你有怨气吗？

每次学期结束，我送学生离开学校前，都会用到这个句式。"同学们，李老师只是一个普通平凡的人，会在无意中犯很多错误。我们这一学期的师生交往，有春风细雨，有欢歌笑语，却也有狂风暴雨，更有生气恼怒。现在我们的学期结束了，请接收我最真诚的道歉：对不起，李老师在工作中有太多不足之处，可能在以前的日子里伤害过你。请你们原谅我的不完美，原谅我发起火来口不择言，犯过很多错误。同时，我要谢谢你们这一学期以来对我的支持。以后，我一定努力学习先进的教育理念，时刻反思自己的做法。希望下学期我们再见面时，我能成长进步，希望我们在学校这几年，都能有所收获。最后祝愿你们假期快乐，我爱你们……"

这样一来，无论以前曾经有过多少尴尬、恼怒，都会因为最后这一席话而缓解。我期末说这个句式的行为，也运用了峰终定律。

峰终定律是指如果在一段体验的高峰和结尾，体验是愉悦的，那么对整个体验的感受就是愉悦的。

我们很有必要在学期结束尤其是学生毕业的时候，让他们在这个句式中，感受到老师的真诚和歉意，他们会对整个学期乃至整个校园生活，都有美好的回忆。

5 班里很多同学都有心理创伤，想要为他们做疗愈，怎么办？

> 班里很多学生都有心理创伤，有的是因为身为留守儿童，有的是因为来自单亲家庭，还有的是因为弟弟妹妹的出生，更有的是因为老师同学的一句话……其实，作为教师的我，也有很多创伤。对此，您有什么疗愈的办法吗？

疗愈的方法有很多，最有效的是向专业人士求助。同时，在日常教学生活或者与学生的谈心中，也可以做润物细无声的疗愈。

比如，那天，我给学生布置了一项作业：写一写你学生时代印象最深刻的老师。

作业收上来，小茂写道："在我上小学三年级的时候，遇到了一个英语老师，她非常关注我们这些学习处于中等水平的学生……在这种关注下，我的成绩由原来的 81 分，提高到了 98 分（算得上优秀等级了），然而，新学期换了一个英语老师。有一次，我在英语课堂上"走神"了。当时老师正在对一个单词进行提问，同学们都不会。这时候，我回神了，就朝着老师笑了一下。老师以为我会，就喊我站起来读。我当时就想着：坏了，因为我也不会读。于是，我告诉老师我不会。老师勃然大怒……"小茂说他当时非常内疚，感觉自己不应该对着老师笑，更加不应该看老师那一眼……从此以后，他再也不敢看老师的眼睛了，小茂的英语成绩直线下滑。慢慢地，所有老师的眼睛他都不敢看了。到七年级下学期，他的成绩就跟不上了。小茂九年级没上，在家里待了一年后，来到了我们职业学校。

我问小茂："你是否介意我在教室里把这篇文章读出来？"

小茂说："你想读，就读吧！"

于是，在课堂上，我把这篇文章读了出来。当我读到第二个英语老师对小茂大发雷霆时，我走下讲台——我想借此对小茂进行疗愈。我很认真地说："我觉得，这个英语老师伤害了小茂，我要替这个老师向小茂道歉……"

小茂一听，笑着摆手："不用了！其实那个英语老师也挺好的……"

我说："我知道她挺好的，但是，挺好的人也会在无意中伤害别人。无论如何，她伤害了你。我们同为教师，我今天要替她向你道歉。"

我走到小茂身边，很真诚地、用发自肺腑的声音说："对不起，小茂，老师错了，如果事情再发生一次，肯定不会是这个样子……这么多年来，你一定受了很多委屈，你要是愿意说，就跟我说吧！我愿意听……别怕！以后老师都会支持你，我和你在一起……"当我说完第一遍，本来在笑的小茂就不笑了；我又重复了一遍，小茂开始满眼泪花；当我说到第三遍的时候，小茂的泪水彻底流了下来。

班里有同学感慨："太感人了……"

小茂哭了。但是我知道，其实不是现在的小茂在哭，而是当初在课堂上读不出来英语单词被老师批评的小茂在哭，是当年受委屈的小茂在哭。当我这样替英语老师道过了歉，当他流过了泪，他那创伤就多多少少得到了疗愈……

这就是教学中简单的疗愈。千万别以为老师只要教会孩子文化课、专业课的知识就行，适当的时候，我们有责任和义务帮学生疗愈创伤。

再如，我曾经教过一个叫晓蕾的女生，她人长得漂亮，智商也特别高，但是对什么事情都提不起兴趣，似乎有轻度抑郁的症状。她妈妈跟我说，孩子在家里也是这样，问她玩什么、吃什么，她都无所谓，好像没有什么事情值得她快乐。

我问："她小时候就是这样吗？"

妈妈答："她小时候很活泼很开朗的啊！"

"她是从什么时候开始成为这个样子的？"

"应该在八九岁的时候吧！"

"那时，家里有什么大事发生吗？"

妈妈想了想，说："她九岁的时候，弟弟出生了……"

我马上想到，在新生入学时，我让学生写过自己印象最深的一件事，这个女生写的是："印象最深的事情是，弟弟出生了，家里人都围着弟弟和妈妈转，她也很高兴……后来让她去拿尿不湿，她摔倒了，大人都批评她……"

这就是根源了。

弟弟的出生，对姐姐而言本就是个不小的冲击，又这样被大人批评，她幼小的心灵，可能认为自己是多余的……

妈妈说："您这样一说，我也觉得有道理。那我应该怎么办？"

我说："今天晚上，你和女儿谈心，有意识地把谈话引到当初弟弟出生、她摔倒这件事上，然后向她道歉，你就说：'孩子，对不起，妈妈错了，当时家里大人都错了，我们不应该忽视你。如果事情再发生一次，肯定不是这个样子。这么多年来，你肯定受了很多委屈，你说吧！我愿意听。别怕，爸爸妈妈永远是你坚强的靠山，我们都和你在一起……'你多说几遍，她可能会哭……其实，不是现在的她在哭，而是小时候受委屈的她在哭……"

明眼的读者已经看出来了，这个疗愈有固定的句式——第一句：对不起！我错了……第二句：如果事情再发生一次，肯定不会是这个样子，你肯定受了很多委屈。你说吧！我愿意听……第三句：别怕，有我在……

一个深圳的女老师，听到我讲小茂的案例，当时就泪流满面。她想起来她上高中的时候，是学习委员，历史老师让同学们阅读课文，然后总结段落大意。她被叫了起来，当时头脑一片空白（这个老师在多于三个人的场合讲话，就会很紧张，这源于另一个创伤），历史老师竟然说："就你这个样子，将来男生给你写情书你都不懂……"

如果我们在她身边，应该怎么安慰她？

我们应该一边倾听，一边替那个历史老师向她道歉："对不起，老师错了，如果事情再发生一次，老师肯定不会这样说你……这么多年来，你肯定受了很多委屈，你说吧，我愿意听……以后，老师不会再这样说你了，老师永远支持你……"

向她道歉的，不是当时的历史老师。但是何必非要是当时的历史老师？她内心深处的那个受委屈的孩子需要一声"对不起"。小小的她渴望这一声对不起，我们说给她听，就行了。

其实，我们每一个人从小到大都曾经受过伤害。好人、爱你的人也会在无意中给你伤害。

比如你是一个五岁的小女孩，你很想让妈妈带你去姥姥家，但是妈妈由于种种原因，没有带你去，却带了弟弟去。你哭得很伤心，觉得妈妈不爱你，妈妈爱弟弟更多一点。随着年龄的增长，你理解了妈妈。但是，那个五岁的小女孩不理解。长大后，妈妈拿了两个包子，先给了弟弟一个，接着又给了你一个，你马上升起五岁时那个念头："妈妈不爱我，妈妈爱弟弟更多一点。"这个念头总是跑出来让你伤心。你于是变得敏感，甚至在单位和同事一起走路，遇见领导向同事打了一声招呼，没有向你打招呼，你马上伤心："领导喜欢同事多一点，领导不喜欢我……"

你需要妈妈对你说一声"对不起……"

但是，我们的妈妈会说这句"对不起"吗？

多数人的妈妈不会说。对有的妈妈而言，一声"对不起"说出来是何其难！然而我们又需要疗愈，怎么办？

针对留守儿童，或者单亲家庭，或者小时候遭受过校园霸凌的学生，可以开一个班会，提前将学生分为 A 和 B，教室里灯光调暗，拉上窗帘，将桌子全部搬走，A 和 B 相对而坐，播放着音乐，可以是《烛光里的妈妈》《漂亮的小孩》等（总之需要调控场域的力量，否则效果减半），让学生 A 在音乐中向 B 诉说自己小时候曾经多么渴望得到妈妈（或爸爸、老师、同学）的爱，却一次次被拒绝，被伤害。A 这样充分诉说后，B 走向前拥抱 A，并对他说："对不起，我错了。如果事情再发生一次，肯定不会是这个样子……这么多年来，你肯定受了很多委屈，你说吧！我愿意听……别怕，我和你在一起……"

A 会哭，其实不是现在的 A 哭，而是当年受委屈的 A 哭。

如果学生在和老师谈心中，学生说到了自己作为留守儿童对父母的怨怼，老师也可以当场说这几句话。

如果我们老师自己需要做适当疗愈，也可以找一个安全的地方，和同事、同学、闺蜜……总之是某一个人，去诉说你小时候对妈妈（或他人）的爱的渴望，诉说自己得不到爱的委屈。然后，你的同事、同学或闺蜜在你说完后，去拥抱你，轻轻说这几句话："对不起，我错了。如果事情再发生一次，肯定不会是这个样子……这么多年来，你肯定受了很多委屈，你说吧！我愿意听……别怕，我和你在一起……"

你可能会哭，其实不是你哭，而是小时候那个受委屈的自己在哭。

"别怕，我和你在一起"，这是多么温暖且具有疗愈效果的一句话。在你的孩子、妻子、学生闯祸后、悲痛时，你拥抱着他，对他说："别怕，我和你在一起"。

人生一世，不可避免要受到种种伤害。反过来讲，你对别人——孩子、爱人、学生、同事、朋友……难道不也欠了一声"对不起"？

那就在看完这篇文章后，去回忆自己曾经伤害过的人，对他（她）说："对不起，我错了，如果事情再发生一次，我肯定不会……"

6 "中途接班"，学生把我当"后妈"怎么办？

"中途接班"，学生总是把我们当"后妈"，出力不讨好，怎么办？我怎样在短时间内取得学生的认可呢？

中途接班当"后妈"，是非常棘手的问题，一般可分为四种情况：1. 如果这个班级是学校公认的"差班"，我们要无视闲言碎语，重新为班级把脉。2. 如果学生留恋"前任"，我们要以柔克刚，不给学生作对的机会，主动带学生给"前任"写信，甚至去看望"前任"都没有关系。3. 如果学生与"前任"关系僵化，我们不要跟着学生对"前任"的做法全盘否定。4. 如果学生对我们充满期待，则要做好情感铺垫。

比如 2018 年，我担任新生班主任，却因种种原因在外地，军训结束，才回到学校。他们对我，是有期待的。我该怎样开展班级活动，让学生迅速认可我？

我分了三步走：

一、尚未返校，先开家长会

学校安排我 8 月 29 日返校。8 月 25 日晚上 8 点，我在班级群里给学生家长开了第一次家长会，主要内容有：1. 谈自己的带班理念——主要为了让家长朋友们感觉到班主任的专业性。2. 温馨提醒，老师和家长的目标一致，都是希望学生健康快乐地成长。学生一旦有什么事情，我们要相互商量，聚焦于问题的解决——主要是防患于未然，为了让家长在学生违纪闯祸后，和老师要相互配合。3. 手机可能是影响学生学习的最大障碍……以后如果因手机问题，我和学生有了矛盾，希望家长朋友们能和我积极配合……

家长都很痛快地表示支持我的工作。

我曾听说有的老师不敢在班级群开家长会，甚至不敢让个别家长进群，怕他们乱说话。其实，我在职业学校任教，家长更复杂，但是我们一直配合得很愉快。在班级群开家长会需要注意的事项有：

1. 提前告诉家长，老师说话的时候大家不要说话。老师说完，方可讨论，同时家长最好用文字发言，不要语音。因为有的家长普通话不标准，别人听不懂。

2. 老师事先要把所讲内容写成文字，避免随意、啰唆。

3. 老师讲话最好用语音，而不发文字，因为有的家长不喜欢看文字，却可以一边干活一边听语音。

4. 因为微信上最长只能讲一分钟，所以要事先把我们写的发言稿分段，每段不要超过 180 字。

家长会后，我再把文字稿和提前录好的音频发上去。我们这样充分为对方考虑，家长会感受到我们的细心和善意。

以后的三年，每月一次家长会，群氛围非常和谐，家长一直很支持我的工作。

二、未见学生，就开班会

8月26日晚上，我给学生开了班会。首先，我告诉学生，虽然素未谋面，但老师的心一直和他们在一起。其次，介绍了我的带班理念——自主与健康。

"……班里的很多事情，我都会听你们的意见，和你们讨论。这样可以让你们在自主生活中学习自主，同时培养大家的语言表达能力，锻炼你们的气质，这对大家将来找工作都是非常有好处的。有的同学可能会说：您是老师，您来决定吧！别问我们学生了。我们懂什么啊！这不是老师您的事情吗？

"我觉得这样的说法是不合适的。首先，每个学生都有自己的思想，如果什么都是我说了算数，同学们可能会叛逆；其次，我希望我的学生将来在任何单位，遇到任何事情，都有自己的思想和主见，这样你们更善于表达自己，也容易获得领导、同事的认可。第三，老师也是个平凡普通的人，万一我的说法、做法是错误的，岂不是要伤害了你们？所以还是要听听你们的意见。

"不过，有些事情是不能讨论的。比如不准迟到、旷课、夜不归宿、打架等，这些都是学校的校规，我们必须遵守。

"我带班的底线有很多，最主要的一条，就是课堂上必须聆听老师的讲课内容。否则，无论我们讲得多么精彩，你们根本就不听，那就非常遗憾了。而影响听课的最主要的物件就是手机。只要手机在大家手里，那就不可能好好听课（包括成年人也一样）。

"如此，我们应该怎么办？请大家好好想一想，我回到学校，第一件事情可能就是讨论手机问题。切记，我们的目标是：上课认真聆听老师讲课，自习课认真写作业。

"班级自主讨论是少数服从多数，但多数要尊重少数。所以，我们的讨论没有输赢。但一旦讨论结果出来，大家就必须遵守。在现代的社会，我们必须有规则意识，才能更幸福地生活……"

第三，送给孩子们一首《南瓜》诗词：

　　洋葱、胡萝卜和西红柿，

　　不相信世界上有南瓜这种东西，他们认为那是一种空想。

　　南瓜不说话，默默地生长着。

什么意思呢？

洋葱、胡萝卜和西红柿是真正的蔬菜，是那些考上了重点高中的学生，他们不相信大家来到职业学校还会有希望，他们不相信世界上有南瓜这种东西。但是，老师相信你，你也要相信你自己。如果你真的是一个南瓜，多余的话就不要说了，从现在开始，从今天开始，努力吧！让他们知道，南瓜不仅仅是蔬菜，而且营养丰富个头大。

最后，我给学生布置了作业，让他们回答"从小跟谁一起长大的？小时候最深刻的印象是什么？初中最喜欢的老师及理由？希望班主任怎么对待你？"等，借此了解学生情况。

比如，后来我批改作业时，看到晓蕾的回复：

　　1. 从小跟谁一起长大的？

　　我出生在郑州，有两个发小，不过小学上了不同学校，就没联系了。小学有两个同学玩得也很好，因为初中不在一起也就没有联系了（由此知，这个孩子不是很恋旧，很容易融入新生活，按照心理学术语，她的"分离"比较好），在家里是跟爸爸妈妈一起的。

　　2. 你家里有兄弟姐妹几个人？

　　有一个亲弟弟，比我小 9 岁。（由此知，她排行老大，有老大的优点和缺点，比较有责任心。）

3. 你小时候最深刻的印象是什么？

在我9岁那年，我妈妈生我弟弟，让我给弟弟拿尿不湿，结果跑太快摔倒了，她说我什么都干不好，我觉得我妈妈偏心。（由此知，这个孩子可能有被冷落、甚至被抛弃的创伤，敏感，缺乏安全感，按照心理学术语，与父母的"链接"可能不好，可能比较叛逆，需要疗愈。）

4. 你的性格是什么样子的？

既热情也冷漠，既大方又小气，我对任何同学都不会冷漠，但是，谁的言行举止特别过分，我就不热情了。对熟悉的人我很大方，哪怕他（她）抢走我的东西我也不生气。如果我不认识的人，说我不好，哪怕是小事我也很生气，而且还会当场发脾气。我经常会烦躁，还特别喜欢多管闲事。（由此知，这是一个有个性、讲义气的孩子，在赢得她的信任前，轻易不可激怒。）

5. 初中最喜欢的老师及理由？

在初中的时候，我特别喜欢班主任，虽然会打我骂我，但是最后转学一直站在我这边，劝我回去，还要来我家看我，她打我也是为了我好，她打了我一下，然后给我道歉，又鼓励我考了全校第十名。（这个孩子智商比较高，也比较懂事。无论如何，老师打骂孩子是不对的。但是她原谅了老师，认为老师是为她好，这其实是一种对自我的攻击，我个人认为反而不好，以后需要好好疗愈。）

6. 初中最讨厌的老师及理由？

初二转到79中遇到的班主任，理由是她对学生没有责任心，也不好好教课。（以后当我因为负责任而和她发生冲突的时候，可以写信给她，提到她的这个问卷作业。）

7. 在这个学校希望得到什么？

能考到教师资格证。（这个需要给她解释，教师资格证是拿到大专文凭后，参加国家统一考试才能拿到的。）

8.希望十年后是个什么样子？

希望十年后，我实现了自己的梦想，有稳定的收入，继续考小学教师资格证，还有一个能托付一生的人。

9.希望班主任怎么对待你？

我做错了能批评我，也希望老师能体谅学生的压力和反映的情况。（她还是愿意向老师敞开心扉的。）

晓蕾是一个比较调皮的孩子，去年在我们学校上了一个月后，又退了学。所以，我没有进班，就知道了她的淘气。但这次从她的作业里，我得知她的叛逆源于小时候的经历。在后来的一次活动中，她哭着诉说自己退学后在社会上的遭遇，让我和同学们对她有了更深入的了解。

在以后一个月的交往里，我有意识地引导她扬长避短，她进步很快，确实很有责任心。这是后话。

三、第一次见面，隆重登场

2018年9月29日早上，是我第一次和学生见面。我28日在火车上就开始寻思，应该给孩子们怎样的见面礼呢？

晚上回到家，已经6点半了，我放下行李，买了44个棒棒糖。第二天一早特意打扮得很正式：白色衬衣，黑色裤子，背着电脑，抱着棒棒糖，出现在校园里。我想早早来到教室门口等待学生的到来，然后给他们一个拥抱，再送一个棒棒糖。但是没有想到，走进教室，班里同学们齐刷刷地坐着，看见我，禁不住"哇——"一声惊叹。原来，她们知道我那天要去学校，就迫不及待等在教室里了。

谁说学生见老师，就像老鼠见到猫呢？

我说："为了表示我的歉意和对大家的祝福，我给每个同学买了一个棒棒糖，价格很便宜，但是我的祝福很真挚，祝愿大家以后的生活甜甜蜜蜜。"

学生笑，我抓了一把棒棒糖走下讲台，送给每一个孩子，又给了他们一个拥抱，重复着："愿我们的关系情深意长，愿你们未来的生活甜甜蜜蜜。"

学生一边笑着给我拥抱，一边谢谢老师。

当时班里有三个男生，我笑着把糖给他们，说："哦！这个同学有点不好意思，我们握手！"三个同学跟我握手。

教室里一片欢腾。

后来，在学生写的周记里，我知道了同学们对我的满意度很高。

有的学生说，听了我在 QQ 里的语音班会，惊叹我的音色好听；有的学生说，曾去网上查我的资料，看我的照片（这句话让我好感动！原来我们的孩子很渴望班主任管他们呢）；有的学生说，第一次见面，觉得我好有气质，像新闻联播的主持人；有的学生说，人家都说子不嫌母丑，但是我觉得，我们班主任真的比我妈妈漂亮……

至此，我知道自己这个"中途接班"的"后妈"，顺利转正了。

7 学生抽烟、迟到、早恋……却讨厌被说教，怎么办？

学生屡屡犯错：抽烟、迟到、上课睡觉、下课玩电子游戏、早恋……导致成绩下降，却不愿意接受老师和家长的建议。我们不能眼睁睁看着他们走上弯路啊！但是每次班会，我一张口，他们就一副“道理我都懂”的模样，极为讨厌被说教，怎么办？

当说教无效，可以借故事的隐喻引导班级舆论，因为故事知道怎么办啊！

一

那天，下课铃一响，小高就呼朋引伴：“走、走、走，同去厕所，我请客……”

我纳闷，小声嘀咕：“去厕所还请什么客？”便有女生捂着嘴笑。询问下来才知道，小高是请男生去厕所抽烟……

真乃“始作俑者”！

此类撺掇别人违纪的事例绝不在少数，他们总是有意无意地要和班级积极向上的舆论唱反调。当老师批评他们的时候，他们还一副满脸无辜的真诚模样，似乎不明白自己究竟犯了什么错。

我该怎样让这些孩子明白自己的行为多么不妥呢？强制要求，大发雷霆……都不合适。那不如借用隐喻引导班级舆论。

我讲了一个故事：从前，有一个和尚和一个屠夫是邻居，他们都很勤奋。和尚每天都要早起念经，屠夫每天都要早起杀生。后来，和尚和屠夫商量，每天早上谁先醒来，谁就呼唤另一个起床。从此，和尚若醒得早，就叫屠夫起床；屠夫若醒得早，就叫和尚起床。多年后，和尚和屠夫都去世了，意外地发现，和尚入了地狱，而屠夫却上了天堂。和尚感觉很不公平，找佛祖讨说法："我每天念经，屠夫每天都杀生，为什么最后是我下了地狱，而屠夫上了天堂？"佛祖说："是啊！这么多年来，你想想自己每天醒来第一件事情是做什么？你是叫屠夫去杀生！而屠夫每天早上醒来第一件事情是做什么？他是叫你去念经。所以，屠夫上了天堂，而你下了地狱……"

学生哄然而笑。

我说："这个故事说明了什么？"

有快嘴女生笑着回答："你撺掇别人做坏事，就比自己亲自做坏事还要可恶！何况你自己也做了坏事！"

我也笑："这就叫'始作俑者'。咱们现实里有这样的人、这样的事吗？"

学生纷纷："有！"

"谁来举例说明？"

学生笑着摇头不说。

我说："你们不说，我要说了啊！比如，我上高中的时候，有个同学周一不想上早操，周日晚上她就说：'明天早上谁 5 点半起床谁就是猪……'"

学生又一次哄堂大笑："老师，我们寝室也有人这样说。"

我笑说："撺掇别人违纪，罪加一等！"

几个学生指着一个顽皮孩子笑："呵呵！罪加一等，该下地狱！"顽皮孩子也跟着笑。

我又说："我上学的时候，还有同学喜欢当红娘。她自己谈恋爱也就罢了，竟然跟人家牵线搭桥。"

学生又笑，指着另一个学生："你！自己谈就算了，还跟人家牵线搭桥。"被指的孩子也红着脸笑，我明知故问加了一句："咱们班也有这样的同学吗？那我们欢迎对号入座啊！"

笑声中，有人说："对了老师，咱们班还有人因为他自己想抽烟，就撺掇身边的人跟他一起去厕所抽烟。其实，别的同学本来不想抽的……"终于进入要谈论的话题了。我问："真的吗？这可真是大千世界无奇不有啊！竟然有人喜欢厕所的味道？这真是个好奇特的爱好。"

小高红着脸说："老师，以后我不会再这样了……"

这就是隐喻的作用，你根本就不用多说，学生就有了选择。

隐喻，是借用完全不同的背景和角色，含蓄地暗示一些你想表达的意思。通俗地讲就是有目的地讲故事。故事中有一些跟对方事情有关的东西，是让对方潜意识接收的重要讯息，但是在表面上（意识层面）看不到。

比如，晚上我们想让三岁的孩子早点入睡，如果妈妈说："快点睡觉！"孩子是不听的，我们可以用故事做暗示："唐僧师徒到西天取经，天黑了，孙悟空闭上眼睛睡觉了，猪八戒闭上眼睛打起了呼噜，沙和尚也闭上眼睛入梦乡了，唐僧闭上眼睛好久都没动了。现在，妈妈闭上了眼睛，小宝宝也要闭上眼睛了……"这样，孩子接到暗示，很快就会入睡。

这是通过潜意识沟通，让孩子接纳我们的建议。

以上案例是借故事引导，更多的时候，故事可以用来疗愈孩子心头的创伤。

前阵子，郑云辉老师在微信群发出来一段话，说：一个上小学二年级的小女孩，每到上学的时间，她就会肚子疼。到医院去检查，医生说可能是心因性疼痛。可是，父母问她遇到了什么事，她又不肯说。

心理咨询师问这个小女孩："你觉得，上学的你像什么？"

"像一只小老鼠。"

"那你的老师像什么？"

"像一只喷火龙！"

"每一个老师都像喷火龙吗？"

"不是，只有语文老师像喷火龙！"

于是，咨询师就知道了，孩子和语文老师之间一定发生了什么。

咨询师继续问："喷火龙每次喷出的火，都是针对小老鼠的吗？"

"不是！她是去喷别的小动物，小老鼠看见很害怕！"

原来，在语文老师训斥其他小朋友时，小女孩在一旁看见了，就很害怕。因为，她的字写得潦草，她担心语文老师也向她"喷火"。

随后，咨询师又运用隐喻，对她进行积极的引导："小老鼠身手敏捷，头脑聪明，很会找食物，有好多的本领……当喷火龙去喷别的小动物时，小老鼠是不是可以逃呀？"小女孩说："可以呀，可是小老鼠之前没想到啊！"接着，她们一起讨论了小老鼠逃走的几种方法，小女孩对语文老师的恐惧缓解了很多。

咨询结束后，咨询师和小女孩的父母进行了交流。爸爸和妈妈没再逼着她去上学，而是耐心地教孩子慢慢地写字。渐渐地，她的字写得工整了，不担心老师会训斥她。隔了一段时间，小女孩又开始上学了。

这就是我们常常听说的"故事总会有办法"。这种借"隐喻"潜意识沟通的效果，远远超过我们意识层面的说教。

苏珊·佩罗在写下《故事知道怎么办》《故事总是有办法》等畅销全球的书时，曾说：因为多数人接受的教育都是碎片化的，是过度抽象的，这让我们所获得的知识往往与我们的心灵割裂开来，使我们无法聚集勇气，从而无法做出具有创造性的改变。而故事可以填补这种缺失，故事有力量将我们头脑中的知识与心灵中的感受重新联系起来，可以启发我们、鼓励我们，并让我们有能力采取必要的行动，打开孩子们的心灵，让孩子们重新感受自己的心灵。（大致意思是这样，原话找不到了。）

因此，故事本身具有治疗作用。

疗愈性故事与强迫孩子接受某种规范的做法是完全相反的。疗愈性故事是温和的，会让学生觉得很亲切。它尊重学生自己的感受，肯定学生的想法，会采取各种令人惊讶的隐秘方式来培养孩子。

借隐喻引导班级舆论，或者解决孩子的问题，非常重要的就是让故事创造性地融入孩子自己的感受之中，让孩子在内心中产生改变自身行为的动力——与那种说教相比，这种仅仅督促孩子尊崇外在规范的做法，更加持久，也更加有效。

<h1 style="text-align:center">二</h1>

借用隐喻引导班级舆论，一般可以分为"经典故事探讨、优秀电影赏析、时政新闻分享"三种方式。因篇幅有限，在此，我们只分享一个用经典故事引导班级舆论的案例。

比如，中职生早恋难免影响学习。班规强制要求、教师絮絮说教，效果都不会很好。那天，我给学生讲了希腊神话《帕丽斯的金苹果》：

"不和女神"丢下来一个金苹果，上面写着："献给最美丽的"，即：谁最美丽就把金苹果给谁。

权力女神赫拉、智慧女神雅典娜和爱情女神都想获得这个金苹果，三个女神闹得不可开交，最后在凡间找到了帕里斯王子，让他评判谁最美丽，就把金苹果给谁。

权力女神首先说："如果你把金苹果给我，我将让你成为世界上最大的国王，拥有最大的权力和国土。"智慧女神说："如果你把金苹果给我，我将让你成为最聪明的人，拥有最渊博的知识。"这时，爱情女神正在梳她长长的头发。一缕阳光照射下来，显得身材玲珑有致，特别美丽。最后，她才款款地说："千万不要听信她们的甜言蜜语，你认为谁最美丽就把金苹果给谁。如果你把金苹果给我，我一定会让你拥有最美丽的女人，获得最甜美的爱情。"帕里斯王子毫不犹豫就把金苹果给了爱情女神，因此得罪了智慧女神和权力女神，她们发誓要报仇。

最后，帕里斯王子果真得到了世界上最美丽的女人海伦，同时也遭到了智慧女神和权力女神的报复，迎来了自己国家的灭顶之灾。最后，整个国家灭亡，爱情自然不复存在。

最后，我问同学们："如果你是帕里斯王子，你会把金苹果给谁？"

学生众说纷纭。一般学习成绩比较好的女生，会选择把金苹果给智慧女神，她们的理由是："在权力女神和爱情女神报复我的时候，最少我聪明啊！我不至于有灭顶之灾吧！"有的男生会选择将金苹果给权力女神。

很少有人愿意把金苹果完全奉献给爱情女神。

最后，学生问我："您觉得应该把金苹果给谁？"

我说："其实，我们每个人都是帕里斯王子，我们手里都有一个金苹果，这个金苹果就是自己的时间和精力。上中学的时候，我们的金苹果大部分给智慧女神；等上了大学，我们的时间和精力可以重新分配；等参加工作以后，金苹果可以再次分配。总之，你的金苹果在哪里，你的精彩就在哪里……"

这样的引导，学生非常喜欢。

不过，我必须承认，很多故事有隐喻的功能，却没有疗愈的效果。如果想让故事在隐喻的同时，也有疗愈效果，就需要教师常常怀一颗敏感的心，根据自己的班级情况，随时对故事做出修改。

有一次我们班学生在排练《小熊过生日》的情景剧。故事讲的是小兔子、小鸡、小猪都去参加小熊的生日宴会，小狐狸也想去。但是，因为小狐狸平时好吃懒做，大家拒绝和她玩。当小狐狸敲开小熊家的门，迎接她的不是蛋糕糖果，而是森林里的小动物们扔给她的石头砖块……

情景剧在小狐狸的惨叫声中结束了。

看着手中的剧本，我心头五味杂陈，叹息说："小狐狸好可怜！她那么真诚地去祝小熊生日快乐，得到的却是劈头盖脸的石头砖块……"

有学生偷偷答："谁让她爱慕虚荣好吃懒做。"——看起来，这个故事虽然没有疗愈价值，隐喻的教育功效方面做得倒不错。

我点头："所以我们不能像小狐狸一样好吃懒做。不过，小狐狸虽然有毛病，却也有上进的心，她渴望友情。她是一个有毛病的好孩子。现在森林里小动物都排斥她，她会进步吗？"

"她不会进步，却会伤心，会故意在森林里捣乱的。"

我忙问："那我们改一下这个剧本吧？想一想，怎么改，才可以让小狐狸得到朋友们的认可？"

学生思索着："应该要求她和大家一起布置生日会场、打扫卫生，如果她进步了，大家就和她一起玩……"

与学生一起修改剧本并表演的过程，就让同学们知道了很多"问题孩子"其实只是有小毛病的好孩子，宽容他们、接纳他们，有利于他们进步，而冷漠、排斥却只会让这些孩子离我们越来越远，这不是教育的本意。

8 学生不交作业，怎么办？

> 昨天有同事和我联系，说因为自己家孩子交作业不积极，老师开家长会批评了她，她觉得被点名没面子，跟孩子吵了一架。孩子整个春节都不搭理她，每天把自己关在屋子里，也不知道是在写作业，还是在干别的……学生不交作业怎么办？我们严格要求，他们可能记恨我们；我们不管，良心上过不去，职业道德也不允许；让家长帮忙，可能会影响亲子关系……

这段时间，我也是在不停地催交作业。我建议大家在催交作业的时候，尽量做到科胡特所说的："没有敌意的坚决，不含诱惑的深情。"

比如，为了保持好心态，我在催作业之前，首先要深深吸一口气，告诉自己："我是为了解决问题而打电话的，我不是为了宣泄不满而打电话的；我是为了让学生进步而打电话的，我不是为了生气而打电话的。"

这样想通以后，拿起电话，我就可以很温柔地问："某某，你的某门作业还没交呢……咱这门课的老师还在等着……你是有什么困难吗……好的，那你快写……气温忽然下降了，明天多穿衣服哦……"如果这个学生说休息了，我会问："这么早休息，是身体不舒服了吗……那你好好睡……你的某门作业还没有交呢……注意保重身体啊……明天再补上来，可以吗？"

一般情况下，学生都会说："好的，谢谢老师。"女孩子还会说："给老师添麻烦了。"

这就是没有敌意的坚决。

我不说气话，我不发脾气，我绝对不振振有词讲道理，我就是很平静很温柔地提醒你该写作业了、该交作业了。我每天只催一次，以免有的家长和孩子一起抵抗作业，我也出力不讨好。

如此，今天你不写作业，我催；明天你还不写，我还催；第三天你依然不写，我再催……

我曾经给学生开过一个班会"天底下三件事"，主要讲的是：天底下一共只有三件事，首先是自己的事，比如要不要写作业、认真听课，气温下降了要不要增加衣服等，都是自己的事情；其次是别人的事，比如张三不喜欢我，李四对我有意见，我帮助了别人，别人却不感激等，都属于别人的事；第三是老天爷的事情，比如地震、刮风、打雷、下雨等。人的烦恼就来自：忘了自己的事，总想管别人的事，担心老天爷的事。所以，人要快乐很简单：首先做好自己的事，其次不要管别人的事，第三不操心老天爷的事……开班会的时候，曾有学生纳闷地说："老师，您今天说得真好，我现在知道了，我写不写作业，玩不玩手机，上课迟到、睡觉……都是我自己的事。那以后我上课要是迟到、睡觉、玩手机了，你就不要管我了。因为，你不能管别人的事……"当时同学们一听都笑了，我也笑，然后让大家讨论："如果你是李老师，会怎么回答。"片刻间，一个男生就站起来说："学不学确实是我们的事情，如果我们不写作业，上课迟到、睡觉、玩手机，将来找不到好工作，就不能埋怨学校和老师，因为这是我们没有做好自己的事情。但是，管我们，就是您老师的事情……"

看看我们的学生多可爱！人家自己想到了："管我们，就是老师的事情。"（这个班会课有后续，所以又设计了一个衍生性班会"不是我的错"，来补充此班会的弊端，以免学生养成事不关己高高挂起的习惯，德育就是这样，不可以走极端。在此不做赘述。）

我之所以谈到这个班会课，是因为我想告诉大家：作为老师，我催你交作业，是我的职责；我催了你，你却还不写，那就不是我的事，而是家长和孩子的事情了。正如网上有的老师所说，家长和孩子想必有自己不写作业的理由，以后可以慢慢了解，却不必因此大动干戈，甚至导致孩子走极端。

"没有敌意的坚决"，是科胡特的话。他的下面一句是"不含诱惑的深情"，就是我愿意无条件对你好，我不会让你感觉到，老师这么温柔，是想控制我，想让我听他的话……不是的。我温和而坚定地要求你认真学习、写作业，绝不溺爱，更加不会不负责任，这是不含敌意的坚决；同时，我又善解人意和你共情，绝无控制你或感化你的企图，这是"不含诱惑的深情"。对于一个教师而言，心里应该明白：我所做的，是我应该做的事情。你听了，我会很开心，仅止于开心，却不会得意忘形，不会认为自己能力无限，更加不会奢求你的感恩；你不听，我会很遗憾，却仅止于遗憾，绝不气急败坏，认为自己失败透顶，甚至抱怨好心没好报。因为，这本来就是我的事情啊！

说到底，我们老师能对学生做的很有限。如果家长不好好配合，在陪伴孩子的路上，恐怕是事倍功半。有时候给孩子打不通电话，我会打给家长，仅仅是委托家长提醒孩子写作业，同时还会表示感谢。

9 学生犯错，老师"吃药"，怎么办？

李老师：

　　现实里常常有学生犯错，却让老师"吃药"的事情。例如，学生没有带走读证，可能是没有打招呼就走出校门了，门岗觉得很没面子，当着学生的面把班主任训斥了一顿。如果你和门岗吵吧，不太合适，影响形象；如果不吵吧，在学生中太没威信了。不知您对这种事情如何看待？好像学生只要犯了错，就是班主任没有管理好。还有您在您的书中所写到的"刺麻苔"班，有时候学生顶撞您，不理解您，您都很耐心地感化他们，您有没有在班里真的大发过脾气？特别是领导批评您班里的学生或者例如你班卫生区连续被扣分时，您有没有觉得很没面子，而后忍不住对学生发怒？您有没有遇见过学生写纸条骂您的事情？例如学生抽烟，你教育他，他反而说就是要抽烟，还骂你管得宽，可是学校又要求不准抽烟，您怎么看待这类事情呢？或者说您有没有遇见过您尊重学生，可是学生却不尊重您或故意挑衅您的情况？这时候是送学校政教处，叫家长，回家反省，还是耐心地感化他？

　　　　　　　　　　　　　　　　　　　　　　　　　阿斌老师

阿斌老师这些问题如连珠炮一般，让人禁不住眼含泪花，一边看一边点头一边回复：遇到过！遇到过！我都遇到过。我也曾经在班里大发雷霆，我也曾经在宿舍里痛哭失声……当了这么多年的班主任，什么样的问题遇不到呢？所幸跌跌撞撞都过来了，我甚至不肯去回忆过往的伤痛，只想用师生情深来滋养自己的人生，好粉饰太平！

然而，如果我的尴尬、痛心可以让您得到安慰和启发，我愿意把自己的伤口再次展现出来，去直面它……我在这里给大家五条建议：

一、无条件接纳

也许您觉得窝囊，但是真的很有效，最少比和学生闹下去效果好。

2010 年 9 月份，我班有两个女生出校门，却没有找我批请假条（我们学校规定，住校生出校门必须有班主任批的请假条）。门卫师傅当然不同意了，问："你班主任呢？你班主任是谁？"

我们班两个女孩子直接说："俺班主任死了。"

五分钟后，我就听说了这件事。十分钟后，我们全校老师都听说了这件事。我可以想象，有人在传播这条新闻的时候还在看笑话：就那个李迪！还全国优秀班主任呢！看看她的学生骂她死了……

有很多同事来安慰我："学生怎么能这么咒老师呢？你又没有招她又没有惹她，是她自己不来找你批请假条，怎么倒成了你的错？对这样的孩子，你还不得狠狠批评她、停她的课，叫家长……"

我什么话都没有说，就走进教室，像什么事情都没有发生一样（看后文可知道，我当时正在经受很大的挫折。）这两个学生便很忐忑，因为她们知道自己骂了我，也知道我知道她们骂了我，她们在等待惩罚。她们对于我这样不按常理出牌很纳闷，甚至不敢面对我。

几天后，两个人的逆反心大起，甚至在为贫困儿童捐款的时候，也拒不捐款，而且满身是刺，做出一副积极应战、攻击别人的模样。我恍然明白，她们叛逆、嚣张的背后，是惧怕、是疑虑。她们摸不准我的心思，她们不知道为什么骂了老师，却没有得到惩罚。等待未知惩罚的过程一向是最难以忍受的。所以，她们按捺不住，也许她们感觉我虚伪，也许她们猜测我阴森，便故意要激怒我，好让惩罚早日降临。

我该怎样让她们相信并且明白，老师对她们有着完整的接纳；我该怎样让她们知道，我无意追究一个没有结果的行为。

捐款第二天的早会课，我给同学们讲了一个女鬼的故事："从前，一对青年男女郎才女貌，两个人相约白头到老并结了婚。但是，有一天半夜，男的忽然发现心爱的姑娘变成了一个青面獠牙的女鬼……如果你是这个男的，会怎么办？"

学生惊呼一声后纷纷回答："掉头就跑。""装睡，天明了再想办法……"

我摇头，说："都不是。这个男的想都没想就抱住她，说：'你怎么了？你是不是很难受？你到底怎么了？'他反反复复就这么几句话，任凭女鬼的指甲将自己伤害得遍体鳞伤，任凭女鬼的牙齿把自己啃噬得鲜血直流，他依然不肯放手，依然在心疼地问：'你怎么了？'直到女鬼的牙齿慢慢变短，恢复她原先清秀甜美的模样。"

同学们长长地呼出一口气，我说："现在，请同学们想一想，如果你变成了青面獠牙的女鬼后，有几个人会这样对待你？"

学生陷入深思，纷纷摇头。

我说："不，现实里有这样的人容忍你们、心疼你们。其实，我们每个人都有青面獠牙的时候，比如在你气急败坏、蛮不讲理、口不择言的时候，势必会伤害别人……"

讲台下马上有学生回答："对，我生气的时候就是青面獠牙。"

我朝她点头，说："这时候，能紧紧抱住你，问你'你到底怎么了'的人，可能是你的父母……"学生瞪大了双眼认真倾听，显然接受了我的观点，我又用发自肺腑的声音继续说："此外，还有一个人，那就是你的班主任——李迪老师。从你来到这个学校的第一天，我们就被拉到了一起，我必须容忍你的缺点，无条件关心你的成长。面对你的生气、恼怒、伤害……我只能紧紧抱住你，一遍遍询问：'孩子，你怎么了？你究竟怎么了？'直到你的'牙齿'慢慢缩短，恢复原先眉清目秀的模样。"

我必须承认，自己这一番话说得非常动情，学生纷纷被感动了。我在走出教室前又强调了一句："我会耐心等待你恢复清秀可人的样子的，无论你曾经怎样面目狰狞伤害我，我都会等待你恢复成天使的模样，包括小松……"小松就是骂我死了的两个女生之一。

那天中午，小松就去找我道歉，她说当时是话赶话赶出来的，不是真的想让我死，后来后悔极了……

很多时候，解决学生的问题就一个词——接纳，因为学生本身就有自我完善的能力，只要给他们一个宽容、温暖的环境，让他们感受到老师虽然经受着受伤的痛苦，对学生却真诚、有善意，就足够了。不然呢？我们把学生叫过来批评一通？学生会觉得咱俩扯平了，我骂你了吧！你也批评过我了；将家长叫过来，家长当着老师的面批评学生一顿？学生会怨恨老师。倒不如这样"无招胜有招"。

二、得饶人处且饶人，否则，你会将有理变成没理

有一次我去一个私立学校谈到这个故事，校长说："我们学校的一个初中二年级数学教师，工作认真负责。但是，有一天她发现一个女生在作业本上写着'某某老师不要脸'。对于一个年轻女教师而言，'不要脸'这三个字实在是太难听了。于是，女生被批评、写检查、请家长……但是，这个女教师还是不能消气。最后，家长问：'我们怎样做，你才能消气？'"

老师说："让她回家去反思一段时间。"

孩子转眼间在家里反思了一个星期，家长坐不住了——孩子的学业耽误不起啊！家长把孩子送到了学校，但是老师还是不能原谅她。家长又问："我们怎么样做，你才能原谅她？"老师想了想说："让这个学生拿出1000元钱押金，如果以后她不骂老师了，毕业的时候，这1000元钱还是学生的；如果她还骂老师，那就从这1000元里扣钱……"

家长直接回复："那我们不上学了……"

这时候老师后悔了，哭着去找校长解释，她的本意不是让学生失学。校长只给了她一句话："一切都是按照你说的去做的，你还哭什么哭？"

本来校长是同情她的，结果最后她将有理变成了没理。

本来只有她和那个女生知道女生骂她不要脸，结果最后全校师生都知道女生骂她不要脸。

也许，有的人会说：按照你的说法，难道学生怎么骂我们，我们都只能接纳？

当然不是。一个人只有尊重自己，才能得到别人的尊重。有一次，我到一个初三班级去招生（职业学校教师都有招生任务）。当我正在眉飞色舞介绍自己的学校如何如何好的时候，忽然有个学生站起来，特别没有礼貌地指着我说："你别说了，我知道，到你们学校去上学都是混日子……"

全场鸦雀无声。

我深深吸了一口气，说："这位同学，我坚决反对你的观点，因为去我们学校上学绝对不是混日子，不相信你去打听一下。但是我誓死捍卫你发表观点的权利，因为我尊重你，希望你也能尊重你自己和我……"

那天的招生宣传效果非常好。

"我坚决反对你的观点，但是我誓死捍卫你发表观点的权利。"——这句话是伏尔泰说的，可以成为我们课堂上的灭火器。比如，有学生故意在课堂上挑衅，我们就可以说："我坚决反对你的观点，但是，我誓死捍卫你发表观点的权利。现在，你可以坐下来了，我们继续上课……"他还好意思和我们争吵吗？

他肯定就不好意思了。

几年前，有一个男教师在辅导学生晚自习的时候，有一个女生在他的背后贴了一张纸条，上面画了一只乌龟，还写了一串字：我是乌龟我怕谁？这个老师很生气，问："为什么在我背上贴这个纸条？"——您看，他又开始问为什么了。

女生说："不是我贴到你背上的，是你从这里经过，纸条自己跑到你背上的。"

老师非常生气，两个人开始动手，扭打中，老师掐住了女生的脖子，女生就住到了医院……最后，老师受到了处分，职称下调一级……

无论如何，这件事都是老师心头的一道伤疤。我们痛定思痛，该怎样保护自己？

对于背上贴乌龟这件事情，可以应对的方法有很多，其中一个方法就是，老师把这句话念出来："我是乌龟我怕谁？"然后一本正经对这个女生说："我坚决反对你的观点，但是我誓死捍卫你发表观点的权利。"再把纸条放回女生桌子上……全班同学都会为老师点赞的。因为每个人心里都有一杆秤啊！

三、学会唱"双簧"

阿斌老师说，学生犯错，门卫"当着学生的面把班主任训斥了一顿，如果你和门岗吵吧，不太合适，影响形象；如果不吵吧，在学生中太没威信了……"

我也在想着，如果我被门卫批评，我会怎么做？

无论门卫是真批评我还是假批评我，我都会和门卫唱"双簧"：一到门口我就率先向门卫道歉："哎呀！师傅，都是我平时管教不严，您看看他又惹您生气了。对不起啊！我替学生向您道歉，以后他肯定不会再犯这样的错误了，对不起，您这样要求他是正确的，您先消消气……"

伸手不打笑脸人。何况，门卫也知道这是学生的错。老师把态度放这么低，他怎么好意思继续批评你？这个在心理学里，叫矛盾意向法，我屡试不爽的。

真诚道歉其实是阻止争吵最好的方式。

道歉后，班主任把学生叫回办公室，如果您觉得学生会看不起您，那就大错特错了。学生知道因为自己犯错，老师挨骂，老师又不肯多说什么，学生反而会跟老师感情更深，觉得老师和他是自己人，班级反而会更好管。

四、因上用功，果上随缘

这是我经常说的一句话——因上用功，果上随缘。也是让我们班主任保持身心健康最重要的一个观点。或者说，严格要求学生遵守纪律、完成学业，悉心关照学生的身体和情绪健康，是我们班主任分内的事情；但是，学生有没有按照我们的期望去做，尤其是学生会不会感恩我们，却是学生的事情。我们只要做好自己的事情就行了，何必强求别人必须如何如何呢？严格要求学生、陪伴学生成长，本就是我们自己的事情。在学生成才后，我们没有必要居功自傲，要求学生和家长必须感恩戴德；在他们没有成才甚至要怨恨我们时，我们也没有必要过于生气、烦恼、怨天尤人。在学生的成长过程中，教师所起到的作用很有限。前几天我还写了一篇文章，标题是《班主任切莫有"拯救者"心态》，我们不是"拯救者"，我们只是普通平凡的人，每个人都有自己的人生。如果非要让学生在自己班级按照自己的期望去做，其实就是有了"拯救者"心态。一旦学生没有按照自己的期望成长，我们就会有受害者心态，觉得生活待自己不公平，忍不住要发火——于是，我们又成了迫害者。

修行的目的是什么？

修行，是让人越修越低，越修越小，越修越平常。不就是被门卫骂几句吗？不就是被学生顶撞几句吗？我们不悲不喜、不垢不净、不增不减……去应对。

咱就潇洒一点不也可以吗？

或者说，你不爱我，你不欣赏我，说明你不是我的知音。既然你不是我的知音，我何必非要得到你的认可？我做到尊重你，就足够了。

我对门卫师傅、对学生尊重宽容，一视同仁；如果我尊重了他们，他们却不尊重我，那就不是我的事情了，那是他们的事情，我不用去管别人的事情。

10 一看见某个学生的行为，
我的气就不打一处来，怎么办？

李老师：

　　从业以来，我每年都参加继续教育培训，学习了很多教育理论，也知道不可以动辄对学生发脾气。但是，我一看见学生写作业拖拉，或者歪歪扭扭坐着，就气不打一处来……我也知道不可以这样，但是怎么也忍不住，怎么办？

霍老师

　　非常理解霍老师，他的这番话让我想起来，我曾经参加过的一个自我成长的培训班。那天，导师让所有同学围坐成三个同心圆，再让所有人去人群中找出自己最看不顺眼的人，去和他坐在一起，然后和他说两点：1. 我最看不顺眼的是你的哪一点。2. 什么地方是你有我也有的。和看不顺眼的人说完后，回到原位，再去找自己看着最顺眼的人，也说两点：1. 我看得最顺眼的是你的哪一点。2. 哪些地方是你有我也有的。

　　活动开始，在挑选自己不顺眼的人的时候，我一眼就看到有几个男的，满身铜臭。我从内心深处不喜欢满身铜臭、粗俗不堪的人……但是，我还没有去找他们，就有一个文静的美女找到了我，柔柔弱弱的，戴一副眼镜，很文静，一笑起来脸上有细细的皱纹。她说她一见我就很不喜欢我，感觉我这个人很严厉，没有亲和感，很挑剔，喜欢苛求别人，追求完美……

我惊呆了。

我从来不知道自己给别人的是这样一个印象。因为很多学生、老师都说我宽容、真诚、很有亲和力的啊！亲和力是我的标志啊！她怎么会有这样的感受呢？

交流过后才知道：原来，在第一天的活动里，导师让我们在人群中随便走，随便看见某一个人，就根据自己的感觉从三句话里选择一句。这三句话是：1."我信任你"。2."我不信任你"。3."我不确定"。当时，这个美女走到我面前，我说了一句"我不确定"，这让她难受了、受伤了……

好尴尬！我觉得很抱歉，自己总是在无意中伤害别人。这分明是大大咧咧的脾气嘛！哪里来的完美主义呢？

接下来，在和她的交流中，她谈到，她自己其实是一个完美主义者，凡事追求完美，喜欢苛求别人。

我说："你的感情是不是很细腻，很敏感，很容易受到伤害，而且注重自己的形象……"

她说，是的……

我瞬间明白了。她之所以那么介意我那一句"我不确定"（毕竟对她说"我不确定"的，肯定不是我一个人)），根本原因是她其实很喜欢我。因为我身上也有感情细腻、敏感、容易受伤、爱臭美等特质，偏巧这些特质，是她自己最欣赏的。

相似加欣赏，就等于喜欢。

她可能从一开始看见我，就喜欢我。但是，我这个马大哈却在她问我"你信任我吗"时，稀里糊涂说了一句："我不确定"。于是，她恨上了我……

这说明了什么？

这说明了爱有个双胞胎，能够交换到的爱，就叫情；交换不到的爱，就叫恨。如果她喜欢我，我也喜欢她，她对我好，我也对她好，友情就诞生了；然而她喜欢我，我却忽略了她（我不喜欢追求完美的人，而我和她相似的特质，也并不是我最欣赏自己的地方），她就在导师让大家找最看不顺眼的人的时候，找到了我——交换不到的爱，就叫恨。

导师说："你看不顺眼的那些人，他身上的缺点，其实你自己也有。你对他的不顺眼，其实是对自己的不顺眼……"

这么说，我讨厌的那些男人身上的铜臭、粗鄙不堪，其实是因为我自己身上也有铜臭或粗鄙不堪？

相似加嫌弃，就等于讨厌。

后来在一个活动中，导师让我们反串角色，就是去扮演一个和你在生活里截然不同的角色，突破一下自己，释放被你压抑的那部分。

导师建议我扮演《功夫》里的包租婆——果真是满身铜臭、粗俗不堪。那一天，我穿着睡衣、戴着假发、抽着香烟，大吼一声"收房租——"跟震天吼一样，那叫一个成功。

由此，我明白了！我的内心住着一个满身铜臭、粗鄙不堪的包租婆。我讨厌别人的地方，正是我嫌弃自己、压抑自己的地方。如果我想真正做到待人宽容、真诚、有慈悲心，就要先接纳自己的缺点，不要去嫌弃它，不要去压抑它，在不伤害别人的前提下，适当去释放它。

也就是从那时起，我敢于承认自己热爱金钱，再也不会为了显示自己的高素质而忍气吞声、讨好别人。从此以后，"江湖儿女，快意恩仇"成了我的口头禅，在温婉知性的间隙，我时不时地要暴露出包租婆的面孔。于是有朋友看我的文章也感慨："哇！这篇文章有点麻辣味儿"，或者"我看到了李老师直爽火辣的另一面"。

也是从那时起，我也开始真正尊重那些为了更好的生活，而拼命挣钱的小商小贩乃至大老板。对学生家长，我是百分之百地理解和信任，再也不是表面上的彬彬有礼。

那位女士说我爱挑剔，并非实情。我在家里是最不挑剔的人，我也不是完美主义者。是她把她自己的一些特质，投射到了我的身上，那些特征其实是她自己最不喜欢的。

我喜欢你，其实与你无关，我只是在你身上看到了我自己和你一样的优点，偏巧这个优点也是我最欣赏自己的地方。

我讨厌你，其实也和你无关，只是我在你身上看到了自己身上也存在的毛病，而且那个毛病是我一直压抑嫌弃的。

作为一个老师，我们告诉自己要喜欢每一个学生，有时候却怎么也喜欢不起来。那可能是我们在学生身上发现了我们自己一直在压抑的缺点——拖延、懒惰、撒谎、坐得歪歪扭扭……当我们接纳了自己的缺点，对自己不再苛刻，对他人自然也就不会苛刻。

文章写到这里，您应该能看出来，其实我一直在谈一个心理学的概念——投射。

网上说，投射现象是指个体依据其需要、情绪的主观指向，将自己的特征转移到他人身上的现象。投射作用的实质，是个体将自己身上所存在的心理行为特征，推测成在他人身上也同样存在。

有点拗口是吗？让我们换个通俗的说法。

投射是把自己的想法、情绪、冲动或愿望，放到另外一个人身上。

投射现象无处不在，尤其是在文学作品里，"感时花溅泪，恨别鸟惊心"，就是作者将自己的恨别之情投射了出去。戏曲《朝阳沟》的女主因产生畏难情绪，而打算离开朝阳沟的时候唱："刚下乡野花迎面对我笑，至如今见了我皱眉摇头。"其实鲜花还是那个鲜花，哪里有含笑或皱眉？是她对自己逃跑的行为皱眉摇头，投射到了鲜花上。

同样一本书，为什么不同的人读起来感悟、收获不一样？

曾奇峰说，内心非常丰富的人，可以把丰富的内心投射给《易经》，然后就觉得《易经》告诉了他很多东西。实际上《易经》告诉他的那些东西，全部都是他投射的结果。换一个心思简单的高中生或者大学生去读，可能就没有那么多收获。

我们一线教师因为长期和学生打交道，有丰富的带班经验，我们从一本心理学书中得到的，可能比那些没有当过班主任的、初为人师的年轻人得到的多。因为我们将自己与学生交往的丰富经历、感悟投射到了当下的阅读中。

这就是为什么来自一线的班主任一旦掌握某一理念，比没有班主任工作经验的老师更能灵活运用的原因。

那么，认识到投射这一概念有什么好处呢？

比如，你一直觉得领导对你有敌意，你觉得他不喜欢你。但是，当你意识到这可能是自己对领导有敌意，与领导无关，你马上就释然了，想通了。这时候你会觉得领导对你也不是那么有敌意了。这在人际交往中非常有好处。

或者，你一直看某个学生不顺眼，觉得他对你不尊敬。当你意识到这可能是自己的想法在他身上的投射，你也就能更好地和他相处了。

这时有人问了："如果学生依然对我有很大的不满，怎么办？"那可能是学生将自己的感觉投射到了你身上，我们要在适当时机、不含敌意地给他做个解释。否则会让我们的工作陷入被动。

如果你怎么提醒、解释，学生都对你不满，怎么办？根据投射的原理：他恨我，其实和我无关。那么，既然和我们无关，我们便放下它，不悲不喜，足矣。

11 第三次当班主任有了一定的工作经验，学生却开始不喜欢我，怎么办？

> 李老师：
>
> 　　我是一个有七年教龄的班主任，前两届学生带得都很顺，师生感情深厚，我也被评上了学校的优秀班主任。但是，这次带班，却总是和学生之间有隔阂，不知道为什么，也不知道该怎么办。
>
> 王老师

　　看到王老师的困惑，我不禁想起了"七年之痒"。班主任也有"七年之痒"的啊！

　　还清楚地记得 1997 年我第一次当班主任，带了两个班，130 个女生，还教着她们所有的专业课。当时的学生对我异常喜欢，连我的发型、说话的方式、走路的姿势、衣服的款式……都模仿。我在同学们心目中，有"大姐大"的威信。她们叫我"迪姐姐"。这就是移情，确切地说，是正移情。

　　移情是指来访者将自己过去对生活中某些重要人物的情感或态度，投射到咨询师（教师）身上的过程。比如，学生可能把对哥哥的佩服，投射到年轻帅气的男老师身上；或者把对姐姐的依恋，投射到温婉聪明的女教师身上。这些年轻教师甚至不用做什么，学生就喜欢他们、崇拜他们。

当时的学生将自己对姐姐的情感投射到了我身上，真心希望我开心，唯恐我失望。这样的班级根本就不用太过付出，一切都井然有序。

当时的我，也因为学生对自己的崇拜，深深地爱上了讲台。我常常说自己是被一届届学生培养的，说的就是当年学生的支持和理解滋养了我，成全了我，让我爱上了讲台和教室。这叫反移情。

反移情是指咨询师（或教师）对来访者（学生）无意识的反应，由于本人生活经历和以往人际关系对来访者产生的爱或恨。

刚出大学校门的年轻教师，当班主任是最容易获得学生的拥戴的。所以，我也常常对学生说：你们对一个年轻教师的态度，其实就决定了他们将来能不能爱上自己的工作。如果你们经常在课堂上捣乱，惹老师生气，老师在和你们的交往中得到的不是温暖和支持，可能就会恨教室和讲台。反之，他们会爱上讲台。

这个同样是反移情。

王老师说自己以前带的两个班都很顺，可能与年龄有关，与学生对他的移情也有关——学生将对哥哥的喜爱，投射到了他身上。

忆往昔，我从"迪姐姐"变成了"迪阿姨"。接下来几年当班主任，再也没有了第一次当班主任那种"金箍棒一挥，众猴儿抓耳挠腮"的景象。真的是我变了吗？应该说我比第一次当班主任更有经验了，但是年龄优势逝去，便不得不面临与学生有隔阂的现状，这也是我所说的"班主任的七年之痒"。这也是目前王老师所面临的困境——年龄优势已经消失。

这个时期，唯一能弥补年龄劣势的，就是提高班主任带班艺术。

学习，从那时开始……

如今，我已经有了诸多先进的带班理念，然而，学生却未必真心喜欢我。师生之间，总是有隔着一层纱的感觉。

原因何在呢？

因为，我在年龄上已经成了"迪妈妈"。青春期的女儿、儿子们，和妈妈是有种种冲突的。他们有时候会将对妈妈的情感态度投射到我身上。比如，有一次，我在讲台上严厉批评了迟到现象，班里一个男生就在座位上嘀咕："跟我妈一模一样。"

还有一次，有一个女生直接哭诉说："老师就应该像妈妈一样关心我们。可是您这样严厉批评的妈妈让我害怕……"我当时就反驳说："在你生病的时候，悲伤的时候，我当然可以给你妈妈的疼。但是，当你违反纪律的时候，别把我当妈妈。因为我在为社会培养人才，任何单位都不需要娇滴滴、三天打鱼两天晒网的员工，所以你不能想迟到就迟到，想玩手机就玩手机，说不写作业就不写作业……"

我还是原先的我。我甚至比以前拥有更多、更先进的教育理念，但学生却不像以前一样喜欢我，甚至有时候还怕我，不愿意对我知无不言言无不尽……

因为他们将对妈妈的情感态度投射到我身上了啊！这也是移情。把对妈妈的依恋和爱戴投射到我身上，是正移情；把对妈妈的抱怨和恼怒投射到我身上，就是负移情。

同时，学生经过幼儿园、小学、初中……也可能把以前教他们的老师的感觉投射到我身上，有好也有坏，有正移情也有负移情。他们这样的态度，会造成我的开心或不开心，这便是反移情。

有一次，我在讲台说错一句话，马上道歉："哦！对不起！对不起！妈妈错了……"同学们都笑，很开心。我一愣：这应该是我的移情了。

我劝王老师以及和王老师一样有经验却又有了困惑的青年骨干教师，想通这些，便应了那首诗"你爱，或者不爱我 / 爱就在那里 / 不增不减"。

第二辑

问题学生篇

12 教室卫生很差，值日生不在，其他同学又不肯帮忙打扫，怎么办？

> 李老师：
>
> 　　那天快打预备铃了，我走进班里，发现卫生很差，值日生不在，但是有其他同学在教室。我想让在教室的同学值日，她们说："值日生不是我们，老师应该找值日生值日……"我气不打一处来：值日生不在，他们就不能帮忙值日吗？遇到这样的事情，怎么办？
>
> 　　　　　　　　　　　　　　　　　　　　　　　　　　秦老师

　　其实，我认为教室里这些同学的回答非常正确。如果值日生不在，就可以不负责，可能会有越来越多的学生，在值日的那一天请假或者迟到……所以，不要慌着去批评那些不肯帮忙的人。人家若主动帮忙，我们当老师的要大张旗鼓去表扬；人家若拒绝，我们也别生气，而应该反思为什么会出现这种情况。

　　这件事看起来是学生"事不关己、高高挂起""不愿意帮助他人"的问题，事实上是班级制度的问题。

　　我们班有一项规定：如果值日生因种种原因完不成值日，必须事先找同学替自己值日，或交换值日时间——这次该我值日了，我不方便，请你替我；下次该你值日了，无论你方便不方便，我都替你。无论是代替值日，还是交换值日，都必须告知自己的组长和卫生委员。

和这项规定同时存在的，还有一条：每周一下午的班会课，同学们都要对刚过去一周帮助了自己的同学郑重感谢，老师和班干部还要再次表扬。被替值日的同学要扣分，替别人值日的同学要加分。交换的同学只表达感谢。另外，班干部工作制度里还有一项规定：值日小组长要及时发现卫生方面存在的问题，并解决。也就是说，如果值日生没有打扫卫生，值日组长是要负责的。找不到人打扫吗？组长自己打扫……

如此一来，首先是班级卫生可以得到多重保证；其次，每个人都有不方便的时候。同学们你帮我、我帮你，彼此都体验到互帮互助的乐趣，有利于团结，提高幸福指数；第三，让学生充分体验到助人后的价值感和融入集体的安全感，甚至可以帮助一些问题学生进步。

不错，这几项规定可以帮助部分问题学生成长。

2018年秋，我班里有一个女生叫萧然。入学第一天，同学们就发现她脾气暴躁，不注意个人卫生，一言不合就骂骂咧咧，甚至老师问她要作业她也会骂老师，她自己不会填学籍表，更是暴跳如雷……

我很快得知：萧然三岁的时候，父母离异——她有被抛弃的创伤；上初中的时候，爸爸因病去世，如今她跟着74岁的奶奶生活。奶奶是环卫工人，一年到头没有休息日；她还有一个姑姑，前几年被姑父打了一顿，精神分裂……也就是说，在这个家庭里，没有一个有担当的男人给她遮风挡雨；也没有一个健康优秀的女人给她做榜样。她缺乏安全感，所以她让自己变得像个小刺猬，时时刻刻准备着刺伤别人，来保护自己。

有人说，萧然是极度缺爱。是的，她缺爱。然而，我们给她爱，她要吗？

我给过，她不要。班主任工作从来都没有那么简单。

我班还有一项班规：每个周末放学后，同学们要把教室、寝室卫生整理过关，才可以回家。然而，新生入学第二周，学生就跟我反映：萧然明明住市内

（有的同学不住市内，离家远）不用急着回家，她也不肯晚走一会儿，不愿意多干哪怕一丁点活儿……对此，我也不好说什么。我们不可以因为萧然离家近，就要求她必须多干活儿。

然而，萧然后来进步了。她进步的契机是2018年冬天，郑州市教育局组织每一个学校的学生到新密一座山里进行拓展训练，其中有一个活动，是烧地锅煮饭。那天我一到我们班的活动场地，同学们就纷纷来跟我说："老师，萧然可厉害了，我们都不会生火，萧然竟然会生火。"萧然在一边站着，非常开心。朋友们看得清楚，在这一刻，她在班级里找到了价值感——她感觉自己对于这个班级而言，是有用的。她明白了自己可以通过劳动，获得同学、老师的认可——价值感。

换句话说，萧然是因为缺乏安全感，而有了问题行为；她又是因为获得了价值感，而有了进步。

促使萧然继续进步的，是我们班有"值日生来不及值日，可以找人帮忙"这一规定。尤其是周一的班会课，同学们可以当众感谢帮助了自己的同学……于是，原本不肯多付出一点的萧然，只要有人需要帮忙值日，她都会爽快地答应下来。班里的走读生和舞蹈队的同学，常常有不方便值日的时候。于是，每个周一下午的班会，萧然都会受到表扬……

好的制度，就是让"坏人"不敢使坏，让好人过得光彩。于是，不好不坏的人都愿意做个好人，而不是相反。

这项班规，就是让懒人不方便偷懒，让多数人变得勤快，让勤快的人得到表扬……

然而，只有硬邦邦的规定还不够，还要让学生明白事理。我常常给学生讲中学生阅读教材里的一个故事：

　　法国著名女高音歌唱家玛迪梅普莱有一个美丽的私人园林。每到周末，总会有人到她的园林里摘花、捡蘑菇，有的甚至搭起帐篷，在草地上野营野餐，弄得园林一片狼藉，肮脏不堪。歌唱家曾让人在园林四周围上篱笆，并竖起"私人园林禁止入内"的木牌，却无济于事。过不了几天她又让人竖起"私人园林禁止入内，违者重罚"的牌子，园林还是遭到践踏和破坏。后来，歌唱家让人做了个大牌子立在路口，上面醒目地写着："____"这一招可真奏效，此后再也没有人闯入园林。

阅读材料让学生往里面填空，据说标准答案是："如果您被园中的毒蛇咬伤，请速到医院救治。医院在顺此路往东 50 公里处，乘汽车一小时即到。"——这句话，看似善意的提醒，其实是令人害怕的警告。这句话就像是我们的法律、制度、校规，有警示效果。

其实，这个故事还有后半部分（中学阅读材料里没有）：不久之后，花园的主人真的在自己家的花园里，看到一条毒蛇，无比嚣张地向房间里爬去⋯⋯

他人的光临给主人带来了麻烦，同时也赶走了毒蛇啊！

如秦老师问题中所说，现在的学生边界意识很强，他们总是觉得该自己做的就做，不该自己做的，一点也不愿意多付出。其实，生而为人，我们是脆弱的。我们需要制度惩恶扬善，更需要相互帮助、彼此支撑。因此，为了让学生感受到自己内心那束温暖善良的光，为了让他们认识到合作的重要性，要隆重地、经常性地向他人表示感谢⋯⋯别以为那是一种没有用的形式。

本文开始，我旗帜鲜明地支持同学们不替值日生值日，并说出了理由。也许有的老师会觉得我这样做过于理性，没有对学生进行"助人为乐"的思政教育⋯⋯其实，每一个周一的班会上，同学们都要复盘自己曾受到的帮助，并表示感谢。接受帮助的人固然要感恩，那些帮助了别人的同学——比如萧然，也要感恩。萧然要去感谢向自己求助的人，是他们给自己提供了获得价值感的机会，体验到了自己生命力的旺盛。

这就是让学生体验"助人为乐"。

我每次开讲座，都会真诚地感谢认真倾听的学员。这不是客气话，我是真心感谢，是他们给了我机会，让我感受到了自己存在的价值，让我感觉到自己是有能力的。

是他们的存在，赶走了我内心私密花园里的"蛇"。感恩！

13 学生总是向老师借钱，怎么办？

李老师：

　　本学期，有一个学生跟我借钱。第一次是周五，借了5元。我当时有点犹豫，问她为什么借钱，她说没饭钱了，下周爸爸给了就还，我就借给她了。下周一、二的样子，她真的还了。隔了一两周，她又借5元，我立即就给她。第二周又还了。再过一周，她借20元，我也立即给了她。而后下一周没还。到她班参加活动，我问她，她说忘记了。我就继续等她还，哈哈！现在放假了，还没还。开学后，我还会提醒她的，好借好还，再借不难。如果不还，就不再借给她……请问您遇到过学生向老师借钱的经历吗？您是怎么做的？

朱老师

　　看了上面的案例，我想说：朱老师何必等到学生不还钱的时候，再不借给她呢？我们干脆就不主张学生随便借钱（除非迫不得已），岂不更好？

　　当过一定年限的班主任，谁没有遇到过被学生借钱的经历呢？其实借钱只是"表象"，最关键的是要教会学生如何"理财"。

回首当班主任的经历，在"借钱"和"理财"方面，我走了三个"台阶"。

一、控制学生花钱，态度"温和而坚定"

我被借钱次数最多的年代，是 1997—2010 年。当时没有支付宝，也不能微信转账。学生开学时，会带够一个学期的生活费。家长担心孩子丢钱，会要求存放在班主任手里。

年轻的朋友们能想象到吗？班主任曾有一个时期是班级"小银行"的"行长"。

于是，开学初，我准备一个笔记本，每个学生一页，每一页的第一行写着"某某几月几日存多少钱"。学生记着自己的页码，下次存钱取钱能快速找到自己的名字。我 1997 年大学刚毕业，就当了两个班的班主任，一共带 130 个学生。我担心每天带很多现金不安全，规定好了每个星期一，同学们统一找我取钱，每次取钱，学生都会在后面写"几月几日取多少，剩余多少"。

很快，我就发现，有的人学期结束，还能剩下几百元，有的人却学期刚过一半，就已经花光。既然我们有班级"小银行"，花光的同学要借钱，当然是找我这个"行长"借。但是那钱又不是我的，我便温和而毫不客气地说他们："你少借点……你省着点花……否则人家还有存款的同学就取不了钱了……"这个时期，我的话绝对能得到全班多数同学的支持。

在这样唐僧般的絮絮叨叨下，学生花钱有了点计划……

然而，我的絮叨对多数学生有效，对少数人却还不行。朋友们不妨看看我 2005 年写的班级日记。

2005 年 12 月 26 日　晴
帮学生理财（1）
学期即将结束，对同学们的花销，我也有了一定的了解。下学期不能计划用钱的只有圆圆和润雪两个。

同学们几乎都是每周一在我这里取五十元钱，唯独对她俩是两天取十元钱，如果需要买别的东西，再另给钱。这样其实很麻烦，我每天都要想办法去换零钱，但为了改正她们乱花钱的毛病，也只有如此了。

圆圆很懂事，对我的操心和管理很理解、很感激；润雪就没有那么乖了，每次取钱都要磨蹭，想多取一点。24日下午说想买鞋，我当时没有零钱，就给了她100元，没想到她今天（周一）中午就没钱吃饭了，也不知道是怎么花的，一天竟能花100元。中午，她和圆圆找到我取钱，润雪张口就要100元，我哪里肯？再给她100元，她同样两天不到就能花完。其实她自己的钱早已花完，现在她是借我的钱。所以，我每人只给10元，圆圆很痛快地拿着钱就走了，润雪却赖着非要100元不可，说："别人都可以取50，甚至100，凭什么我就只能取10元？"

"别人取50能花一周，你100元钱只花一天，你让我怎么给你100元？"

润雪依然赖着不走。

我又饿又气，急道："现在一天就花100，你上班后能挣多少钱？就这10元，你要，就拿走；不要，我也没办法！"

她果真不拿钱就走了。

我气得发呆，心想："这还是借我的钱呢！就这么气盛，要是她自己的钱，还不知道是什么样子呢！"

谁知还有更让我气恼的。中午班干部开会，伊梦说润雪因为没有借到钱，非常生气，在寝室说："李老师只给我10元钱啊！打发叫花子呢！我不要！"

我当时直接没话说。她竟这么不懂事，不知道道理该怎么讲。

下午班会课，我顺便谈到关于理财的事情。

其实，我是最不会理财的，我根本不知我们家有多少钱，花的时候就只管花，以前包里随身带的钱还需要家人替我装。自从当了班主任，我就开始为大家保管生活费。我不想操心，可是你们钱不够花或者丢钱了，还是我的事。同学们怎么就这么不理解人啊！

其实不理解人的只有润雪一个，现在听我一说，也不好意思了。我笑问她："中午是不是生我的气了？"

润雪："没有！老师为我好，我是知道的。"

我点点头，拿出来5元钱，笑道："中午给你10元你还不要，现在只给你5元，你要不要？不要的话，连5元也没有了！就让你饿着，同学们都不要借钱给她。"

润雪马上笑着把钱接过去。

我说："明天我会往你的饭卡上充50元钱，但是不能给你现金。"

12月29日　阴

帮学生理财（2）

中午润雪来找我，磨磨蹭蹭不肯走，我知道她这几天没有零花钱，憋得难受，主动提出给她10元钱，让她用到下周一。她喜出望外，说："老师，给我15元吧！您看，现在别人都有钱花，唯独我没有啊！"

我温和地说："不行！你现在必须懂得，钱是有限的，不能想怎么花就怎么花。"

看她不满地赖着不走，我笑道："不高兴啊？你要嫌少，连10元都没有了，你信不信？"

她一下子跳起来："我要！我要！"一把抓起钱就跑。

我摇头笑道："不错！有长进！！这一次聪明了！"

润雪走了，小昭老师说："看她在你面前的表现，真有意思啊！我以前从没见过这么融洽的师生关系，学生在妈妈面前撒娇也不过如此。"

在这样每两天只取 10 元，或者只借 10 元的方式下，润雪渐渐学会了计划用钱。

不善理财的学生找班级"小银行"，通过正当渠道借钱，还算是好的。最让人气恼的，是学生私下里乱借钱，欠一屁股债，学期结束的时候，借给她钱的同学，却来找我这个班主任解决……这时候，我便只能陪着借钱的同学一起面对被催债的境况了。我是允许催债的，这样的被催债，也是一种教育。

那个被催债的同学渡过"难关"后，我会在班里说："任何人不准借钱给某某，否则就是助长她乱花钱的恶习……"读者诸君看得明白，全班同学——无论是被借钱的，还是借钱的，没有不支持我的。

二、组织班级活动，引领学生计划消费

随着我工作经验的增多，我带学生学习"理财"的方式上了一个台阶。在新生入学一个月后，我开始借用班会，让学生讨论如何计划消费。

以下是我 2012 年当班主任的时候，带学生召开理财班会时设计的问题：

依依春雨班理财班会

一、目的

希望通过这次班会课能让同学认识到平时自己的零花钱以及额外收入总额有多少，其中有多少是随便浪费掉了，哪些可以更好地利用起来，不要觉得理财很遥远，与自己无关，要从小树立理财观念，学会合理安排自己的收入，远离铺张浪费。

1. 了解平时从父母、亲戚处获得多少生活费与零花钱。

2. 学习合理地使用自己的钱财。

3. 要树立理财观念，注意节约，不要浪费。

二、思考自己的用钱情况

1. 父母给你每周的生活费、零花钱是多少？

2. 你一个月的总开支是多少？

3. 每个月可以节余多少钱？

4. 你把零花钱主要用在哪方面？

5. 你最大的一次花销是买了_____，总共花了_____元。钱是从何而来的？

A. 问大人要　B. 自己的储蓄　C. 勤工俭学的收入　D. 向朋友借

6. 比较你周围熟悉的同学，你觉得自己的消费层次是？

A. 比一般同学高　　　　B. 比一般同学低　　　　C. 差不多

7. 对于消费，你认为钱花在哪些方面最有价值_____、_____，花在哪些方面最容易造成浪费_____、_____。

8. 从哪里获得额外收入？

9. 你有没有向别人借过钱？

A. 经常　　　　　　B. 偶尔　　　　　　C. 从来没有

10. 你向别人借钱的原因是_____。

三、你周围有哪些铺张浪费的行为？你怎么看待这样的行为？

四、对于"有钱就高人一等"的说法，你有什么看法？

五、理财从现在做起

大家应该都知道"开源节流"这句话，就是说要懂得节俭，勤俭节约是一种美德。对于在校的学生来说，目前主要的收入来源还是家里所给的生活费，因此应该把重点放在养成良好的理财习惯上，而不是随意攀比，乱花钱。每个月的生活费应该做一个计划，而不是盲目地消费。

1. 平时做个零用钱开销小档案：把每一笔开销记录下来，知道今天花了多少，哪些是必须的，哪些是可要可不要的。

2. 每个月要固定存一笔钱，不论钱的数目有多少，要根据自己的情况合理制定每月的数额。

3. 你还有哪些理财的技巧，说出来与同学们分享。

望同学们认真回答以上问题，为下周主题班会做准备。

通过这样的问题引领，学生会对计划消费有更深刻的认识，关于借钱还钱的纠纷，也越来越少。

然而，这些都还不够。因为有的学生在花钱的时候，是相当不理智的。所以，与其教育学生不要向别人借钱，不如直接告诉学生，不准借钱给同学。

三、旗帜鲜明地反对将钱借给同学

转眼间，兴起了支付宝、微信转账。班主任再也不用担任班级"小银行"的"行长"了。现在家长每周给孩子转一次账，也不用担心孩子没钱挨饿。这时候，除了开理财班会，我会在开学第一周，旗帜鲜明地反对同学们借钱给别人。

我对学生说：如果你们想拥有金子般的友情，和同学一起外出吃饭一定要采用 AA 制。亲兄弟还要明算账，何况你们只是同窗？首先，每一个人的家庭状况不一样。可能你的家庭比较富裕，而你的好朋友家庭经济一般。倘若你这次抢着结账，你觉得花这些钱不算啥；下次你们在一起吃饭，该人家结账，人家可能会有压力。久而久之，他不愿意和你一起外出，你会失去这个朋友。有的同学可能会说：那就不要他结账，每次都是我结账。然而，你真的不介意每次都是自己花钱吗？何况，就算你不介意，人家心里也会不舒服，他会觉得欠了你的，因此不愿意面对你，你依然会失去他的友情。其次，现在社会上有很多不法分子（比如传销），一旦你的朋友被不法组织所控制，他在被逼无奈之下向你借钱，你若是不借给他，不法组织看他没有利用价值，也就把他放了；倘若你借给了他，那就真正是害了他。第三，咱中国有一句古话：借钱时是朋友，要债时，是仇人。所以，干脆不要借给对方钱，反而友谊地久天长。最后，我要告诉你们一个真实的故事：1997 年，我当班主任的第一学期，我们班的班长跟我感情特别好。在 1998 年放暑假前，她向我借了 50 元钱。第二学期，她没有来上学，也没有还钱。从此，我们再也没有联系。我常常想，倘若我当时没有借给她钱，她以后来到郑州，可能还会来看我。然而，如今我借给了她钱，她反而再也不愿意见我了——因为她不愿意面对我。对于现在的她而言，50 元钱不算什么，对我也不算什么。然而，那 50 元钱却成了我们师生情谊的"终结者"。

所以，如果你想拥有一个永远的好朋友，就不要借钱给他。有的同学说，朋友实在饿得不行了，也不借钱给他吗？

我的回答是：在现代这个社会，一个人想要饿死，也不是那么容易。上学期间他有父母资助，上班后他可以自食其力。或者退一万步，在他身无分文的时候，你可以请他吃饭，你可以给他买衣服，甚至给他买日用品、给他提供住宿，给他就业机会……但是，不要借钱给他……

学生非常认可我这一席话——尤其那些花钱有节制的同学，会频频点头，连连称是。那些花钱大手大脚的同学，即使不认同，他们也不敢明确反对。

我每次带班，开学初就直接半开玩笑地说："不要找我借钱，我也要养家，我没有多余的钱。何况，为了我们师生情谊地久天长，有钱也不能借给你……"这个学生可能就不会向我们借钱了。

防患于未然，总是比亡羊补牢要好。

对于朱老师的困惑——学生一次、两次、三次向他借钱，朱老师有求必应。我个人感觉，朱老师的做法也许有一定道理吧！根据弗洛姆所说，学生在成长的过程中，需要父爱和母爱的和谐滋润。母爱像大地一样，是温厚的、包容的、无条件的："我爱你，因为你是我的孩子"；而父爱却是严格的、有条件的："我爱你，是因为你达到了我的要求。否则，我会惩罚你……"母爱固然伟大，但是它的"无条件"性，导致孩子不用努力，不必追求，就可以获得，不利于孩子的成长；父爱固然苛求，却可能在学生经过争取、努力后，拥有价值感，获得成长和进步。

在这里，朱老师给予了学生"母爱"——无论你有多大的错，老师都支持你、爱你、信任你；希望这个学生也能得到"父爱"——你必须遵守秩序社会的规矩，才能真正获得老师的认可。

朱老师遇到的学生很有意思，前两次借 5 元——难道他就缺这 5 元钱吗？难道他的家长就不愿意给他这 5 元钱吗？他在试探什么？第三次他借 20 元，然后就忘记了，然后就放假了……嗯！我想着，如果下学期他顺利还钱了，会不会再借 200 元？500 元？然后很快还了，再借 2000 元，然后消失……

所以，假如此事仅仅停留在不停借钱、满足、还钱、再借钱……教育，其实是没有发生的。让学生认识到：朱老师知道我的心思，却选择了信任我，所以我是被爱的，我是幸福的；朱老师明白世事复杂，所以严格要求我，所以我是被尊重的，我是幸运的……

当学生开始珍惜老师的母性之爱，并理解班主任的父性之爱，教育才算真正地发生了。

14 留守儿童怨恨父母、漠视生活，怎么办?

李老师:

　　现在有一些家长太不负责任了，只顾打工挣钱，把孩子留到家里，什么也不管。我班里半数以上的学生都是留守儿童，他们怨恨父母、漠视生活……我也想走进他们的内心，但是我进不去，怎么办?

刘老师

　　我想，留守儿童之所以怨恨父母，与刘老师类似的言论不无关系。如今，只要留守儿童出现问题，大家就会谈到父母的不负责任。这些话听多了，不成熟的孩子自然会怨恨父母，觉得活着没意思，甚至觉得整个社会都欠了自己的……

　　不仅仅是留守儿童，单亲家庭也如此。一旦学生有什么问题，老师都会去寻找原生家庭的问题。"原生家庭是个筐，所有问题都可以往里装。"于是，不成熟的学生在怨恨父母的同时，也为自己的懒散、懈怠、不求上进……各种调皮捣蛋，寻找了很好的理由——都是父母的错。我们老师也可以推卸责任——都是家长的错。

然而，家长又何其无辜？

我挺同情留守儿童的家长——他们为了生计背井离乡，实在难以将孩子带到身边……

和刘老师一样，我的班级里最少有一半学生现在或曾经是留守儿童。然而，抱怨又有什么用呢？就好像医生不可以抱怨病人为什么生了这样的病一样，我们也不可以抱怨，为什么留守儿童的问题那么多。

我们所能做的，只有想办法满足孩子成长中需要的……

2018 年新生入学，针对班里曾经的或现在的留守儿童，我设计了一个体验式活动，特邀几个家长参加。活动前，让每位同学准备一个眼罩，并在班里找一个搭档，确定好谁是 A，谁是 B。

第一个环节：所有的 A 戴着眼罩在教室里伴着音乐行走，我旁白：这是我们的人生之路……茫茫人海，每个人都在走自己的路。这条路上，也只有你自己。你会遇到什么呢？有坎坷、有挫折、有碰壁，有风雨……谁也替不了你……

第二个环节：B 不戴眼罩，上场拉着戴眼罩的搭档 A 前行（家长上场带自己的孩子行走）。我旁白：在你的人生之路上，有谁曾经这样温暖过你，扶持过你？他们是爸爸、妈妈、爷爷、奶奶、老师、同学……谢谢他们，感谢他们曾经对你的帮助……

然后，调换一下，B 戴着眼罩上场……

第三个环节：所有同学戴眼罩上场行走，并将不小心碰到自己的人狠狠推开，吼："走开！别碰我！讨厌！不要理我……"很多学生在这个环节泪流满面，他们想起了自己曾经被拒绝、被冷落、被嘲笑……

第四个环节：所有人依然戴着眼罩，音乐变为《感恩的心》，同学们对碰到自己的每一个同学说："谢谢你！很高兴认识你……"并去拥抱他们……

这是一个极具疗愈效果的活动。过往被拒绝、被冷落、被欺负的情景再现时，身边人及时地拥抱，带给彼此温暖……

鲁米说："伤口是光进入内心的地方。因为不堪忍受曾经的被拒绝，而愿意对他人张开双臂、温暖相待。"

最精彩的，是活动结束大家谈感想。

小敏率先回忆起自己作为留守儿童被冷落的经历，泣不成声……其他同学也想到了自己过去曾欺负他人或被他人欺负，一个个红了眼抽泣。我让家长（不是小敏的妈妈，小敏的妈妈没来）去拥抱她，让家长对她说："孩子，你受委屈了，妈妈心疼你！"又让同学们去拥抱她，对她说："对不起，我替以前欺负你的同学向你道歉……别怕！以后我们都不会再做那些事了……"

小敏失声痛哭，其他同学也泪流满面。

有一个家长发言说："我看见女儿戴着眼罩在人群里行走，一直被人碰到，我好心疼……"

我补充："无论父母是否在你身旁，他们都是爱你、疼你的，你也值得被他们爱和心疼……"

我班只有五个男生，在整个活动中，他们表现不好。一个男生谈感想时说："活动开始，我戴着眼罩在人群里走，总是碰到人，我下意识地道歉，女生就知道了我是男生，就开始推我……当时所有人都推我，吓得我不敢往人群里走了……但又觉得无聊，就和其他男生嘻嘻哈哈打闹了……"

我对全班同学说："当我们一味拒绝某些同学，并推开他们的时候，他们就会觉得自己不被集体接纳，就会捣乱……"

于是，女生们真诚地向男生道歉……

伤口是光进入你内心的地方。

在这个活动结束时，我告诉学生：在这个世界上，根本就不存在让孩子十分满意的父母。父母也有父母的不容易，他们若不外出打工，怎么供你上学呢？没有外出开阔眼界的家长，不知道外界发生了什么，可能会阻止你们学习和外出，成为你们很低的"天花板"，反而更加不利于你们成长……所以，感恩他们为了改善生活，背井离乡，努力工作。现在的我们，可以通过学习，彼此温暖，将自己培养成自己理想的父母，去拥抱世界，呵护自己……

留守儿童的问题根源，基本都是缺乏安全感。通过以上的活动，让孩子们在理解父母的同时，也相互包容、相互支持，发展出自己的情绪支援网，对他们的成长有很大的帮助。在活动中，某一个孩子因回忆起往事而哭泣，家长代表和同学们都过去拥抱他。这就给了他力量，让他找到了归属感。

这是给留守儿童设计的最好的疗愈班会，可以解决很多问题。最关键是让学生明白，人生本来就有太多的不如意。让我们接纳这些不如意，拥有一颗慈悲心，给自己、给他人、给世界纯净的爱。这是"爱的分享"时期。让我们自己成长为自己完美的父母，经常拥抱自己，我们的力量会越来越大。

15 孩子背书特别慢，我们应该怎么帮？

> 李老师：
>
> 　　有的孩子记忆力好，背书特别快，但有的孩子背书特别慢，看着他们那么吃力地背诵还背诵不下来，真的替他们着急。作为老师，我们应该怎么帮助他们？
>
> 云老师

　　其实我也常被这样的问题困扰：看上去挺机灵的小伙子，给他一段一百字的稿子，他恨不能要背诵一天，还磕磕绊绊背不流畅。所以，假期里我也一直在寻求方法，阅读了大量的书籍，终于有了那么一点点头绪，今天分享给大家，希望能起到抛砖引玉的作用。

　　根据 NLP 理论所说，人的感官一共有八个，有外感官和内感官之分。外感官是视觉、听觉、嗅觉、味觉、触觉，对应的是眼、耳、鼻、舌、身。我们根据外感官来感知并感觉这个世界。内感官是内视觉（在脑子里看到）、内听觉（在内心听到）、内感觉（在内心找到气味、味道、冷热等记忆），用于储存记忆元素，同时能够有效运用。

关于外感官很好理解，我们天天在用。现在我们只说内感官。

根据我们所习惯的思维模式，可以把人分为视觉型、听觉型和感觉型三种。视觉型的人处理事情的习惯是先用双眼去看、说话或者写文字，多用"看、色彩、形状"这类词（美术老师一般都是视觉型的人）；听觉型的人会先用耳朵去听，喜欢说"听、声音、咚咚"等象声字（音乐老师一般是听觉型的人）；感觉型的人敏感，注重自己的感受。

在成长过程中，每个人都不自觉地选择较多运用一个或两个甚至三个内感官……

我第一次听说这个理论是 2006 年，浙江嵊州的蒋玉燕老师看了我的班级日记，对于我的班级管理艺术和写作、演讲能力特别感兴趣，直接在我的主题帖子后面分析我究竟是哪一种人。她分析的结果是：我是一个音乐老师，可能是听觉型的人；平时又特别善于观察，所以也习惯用视觉。同时感情又非常细腻，所以也善用内感觉。她总结出来我属于三种内感官发展都挺好的人……这是我第一次听说这个理论，非常好奇，就到处查阅资料，终于明白了：如果我们想让一篇文章生动，最好三种类型的文字都要用。为什么同样一节课，有的老师讲起来枯燥无味，有的老师讲起来却很吸引人？认真去分析他们的讲稿，不难发现：语言生动的老师，是运用了三种类型的语言在讲课；而让人昏昏欲睡的课堂，老师只运用了一种类型的语言。

比如，以下的文字就比较感人：

"她的呢喃细语（听觉型），使我心旌摇荡（感觉型），一点也看不到里面的陷阱（视觉型）。"这样一句话，就比"那个坏女人她骗了我"要生动——因为前者运用了三种语言类型。

以上属于写作、演讲时的运用。其实，记忆也一样，可以有这三种类型。

大家有没有注意到，有的人适合大声背诵，有的人却喜欢默默背诵。喜欢大声朗读、背诵的，可能就是听觉型的；然而，有很多人是视觉型的，朗读不太有利于视觉型的人记忆。如果一个孩子在小学低年级学习尚好，到小学高年级开始吃力，就要思索一下：是不是小学低年级孩子阅读的是绘本，教学方法还比较适合视觉型的人；到了小学高年级，不再有绘本，教材上全部都是字……视觉型的人就会觉得记忆起来很麻烦？

针对以上情况，要提高学生的记忆力，可以从以下几方面努力：

一、帮助学生分析自己是属于哪一种内感官的人

我们当教师，当家长的，与其陪着孩子一遍遍大声背诵，不如了解一下他们究竟是哪种类型的人，去对症下药，找到适合他们的记忆方法。

除了以上通过学生的语言来分析学生的类型，还可以根据他们的行为来分析。比如，视觉型的人头多向上昂，行动快捷、手的动作多而且大部分在胸部以上，喜欢颜色鲜明、线条活泼、外形美丽的人、事、物；听觉型的人在乎事情的细节、说话内容详尽、重视环境的宁静或音乐的质量；感觉型的人注重自己内心的感受，比较静默、少动作等（有兴趣的老师可以参看 NLP 理论相关书籍）。

二、通过创编电影故事，锻炼学生的内感官

上文已经谈到，学校的背诵、讲解是适合内听觉型学生的，而对于内视觉型和内感觉型学生，若要提高他们的记忆，则可以用创编电影的方式，帮助孩子同时运用视、听、感三个内感官。

在《李中莹亲子关系全面技巧》一书里，作者讲了一个自己亲身经历的案例：一个妈妈说她 9 岁的儿子记忆力超强，为了证明自己的孩子是一个神童，妈妈让孩子首先去一个王大哥那里拿一本书，再去天零路杂货店买一瓶腐乳、一瓶酱油、六个松花蛋，再去菜场买两斤活虾、三只红蟹，还有其他一些东西。孩子没有用纸记下来，只是重复了一遍，就走了。一个小时后，孩子回来，买

的东西完全正确。作者问他：你是怎么记下来的？孩子说很简单。妈妈在说要买的东西的时候，他的脑子里就开始创编电影：那个王大哥鼻子很大，他就把鼻子变成一本书的样子，想象着书上面就是王大哥两个很大的鼻孔，然后鼻孔变成两个圈，便是两个零，于是就记住了天零路……后面他把所有要去的地点、要买的东西都编成了电影，有故事、有情节、有色彩，用上了视觉、听觉和感觉，他便记得格外清楚。

看到这个例子，我就想起上学期我帮助上文提到的那个记忆力不高的学生背诵主持人大赛的稿子，他在凳子上坐着，我就在旁边根据背诵的内容给他做各种各样的动作，让他一边背诵，一边看我的动作。这样两遍下来，我不再做动作，却让他想象着我的动作去背诵——由外感官过渡到内感官。他一旦忘记，我的提醒便是做动作。这样效果也蛮好的。我其实也是在无意中创编电影，运用了内视觉型的方法。这个学生后来获得了省级一等奖。

在《李中莹亲子关系全面技巧》里，谈到了共创故事——父母或老师陪着孩子做游戏。具体方法是：

随便一个人先开口，说出第一句符合主题的句子，然后第二个人接下去，配合第一个人设置的情节，把故事延续下去。每人说话不得超过 3 句，每人接过来的时候，必须先重新说出已经创造的全部情节（从第一句起）。这个游戏在“交出——接棒”超过 20 次后才能停下，重新开始新的主题。

最常用的两个主题是：

1. 有比这个更惨的吗？

2. 有比这个更好的吗？

比如，我们先用第一个主题举例：

A：我今天上班，跳上了公交车才发现忘记了带钱包，有比这个更惨的吗？

B：我今天上班，跳上了公交车才发现忘记了带钱包，被赶下公交车才发现一只鞋子落在公交车上，有比这个更惨的吗？

A：我今天上班，跳上了公交车才发现忘记了带钱包，被赶下公交车才发现一只鞋子落在公交车上，当时天在下雨，我手上还拿着 20 公斤重的包裹，有比这个更惨的吗？

……

学生对这个游戏，是很喜欢的。我们在创编故事的时候，是动着脑子有画面的，只要叙述一遍，学生就会记忆清晰。

三、鼓励学生走向大自然，或深入社会，从丰富外感官到锻炼内感官

近期我阅读苏霍姆林斯基的《给教师的建议》，老师带着学生到原野里观察花鸟草虫，其实也是丰富了学生的外感官，回到教室再写作的时候，需要回忆花草的香气和鸟鸣的悦耳。这就锻炼了他们的内感官。孩子也许记不住文字，但对于情节、色彩等，却可能记忆深刻。

所以，走向大自然，深入社会去观察生活，回到书桌前再回忆，激发三种内感官的作用，也是提高孩子记忆力的好方法。

16 遇到学生故意找打说："来打我啊！你来打我啊……"怎么办？

> 李老师：
>
> 　　张同学是从外校转过来的，据说因为他在以前的学校总被同学们欺凌。然而，他来到我们班不久，就被同学打了一顿……过了没几天，又被同学打了一顿。我发现这个张同学身上似乎有招人欺负的因子，因为我们班的同学以前没有打人的习惯。你们遇到过这样的学生吗？对这种状况，我该怎么办……
>
> 　　　　　　　　　　　　　　　　　　　　　　　　刘老师

　　刘老师遇到的情况，我也遇到过，刘老师需要认真分析张同学这种行为的错误目的，才可以对症下药。

　　那年，班里有一个15岁的男生小丁，入校没几天，就被同学打了一顿。我得知后，放下手头事情，马上处理。我先是很温柔地安抚了小丁，接着又让打人的孩子向小丁道歉，双方很快和解……

　　然而，没有过几天，小丁再次可怜兮兮来找我，说他再次被打了。我再次温柔地安抚他，这一次对方一道歉，小丁也马上说自己做得也不好，双方都很真诚，都是好孩子……

然后，没过几天，小丁又一次委屈地来找我，还是说他被打了……

我很纳闷，小丁怎么总是被打呢？而且，小丁每次挨打后，打人的同学固然会迅速道歉，挨打的小丁也会在对方道歉后说："原本也是我不好，我不该如何如何……"

我便去打听，同学们纷纷说：小丁和人玩闹不知道轻重分寸……真是没法说他……有时候女生都想揍他……比如，一个同学正在写字，小丁过去"嗖——"一下把人家的笔给抽走了。同学便恼怒地说："小丁，把笔还给我……"小丁却勾着手说："来打我啊！你来打我啊……"若是女生，便恨得咬牙切齿；若是男生，直接就上手了……

真是应了那一句：可怜之人必有其可恨之处。

著名的心理学家曾奇峰老师也曾说："很多时候，我们之所以被别人那样对待，是因为我们在'勾引'着别人这样对待自己。这是由早年的经历导致的。"

再分析下来我得知，小丁从小父母离异，两个家长都不要他。他有被抛弃的创伤。奶奶也不喜欢他，现在他自己在外面租房子住。

小丁初入校门，第一次挨打后，我很温柔地安抚了他。对于小丁而言，这种来自女性长辈的爱，实在是太难得了，太让他享受了，太让他留恋了。随后，当他还想得到这样的安抚时，就开始思索：怎么才能得到呢？上次我挨打，老师这样温柔安抚我了。那我这次再挨打，老师是不是依然那样安抚我……而我，也确实温柔安慰了他。

于是，他一次次挨打。

在旁人看来，小丁的行为简直就是欠揍；于小丁而言，又何其可怜？如果老师不分析小丁挨打的目的，而只是把他当成一般的学生闹矛盾，甚至当成校园霸凌，恐怕永远都解决不了问题，小丁永远都不会成长。

所以，当我们遇到孩子出现问题行为后，一定要认真思索，其行为背后的错误目的究竟是什么，才可以有的放矢。

《正面管教》认为，孩子的问题行为有四个错误的目的：

首先，是寻求过度关注。这也是问题行为最常见的错误目的。孩子的潜台词是：只有得到你的关注，我才有安全感。

比如，我哥哥是专业学作曲的，我小时候特别喜欢唱歌。每当我想让哥哥教我唱歌，而他正在看书或干别的，顾不上我的时候，我会故意在他旁边哼哼唧唧唱，并且故意唱跑调，让他听不下去，无心阅读——我的跑调就是在求关注。

班级里有的学生故意跟老师打岔、笑闹，出现种种状况，都属于寻求过度关注。

渴望被关注，这本没有什么错。问题是有的孩子（包括大人）想要过度关注的时候，他们用一种令人烦恼而不是有用的方式来获得安全感。上文提到的小丁，就是在用挨打的方式，寻求过度关注。而刘老师的学生，是不是也在寻求过度关注呢？

问题行为的第二个错误目的是寻求权力。这种情况常见于三四岁或者青春期的孩子，他们认为：只有我说了算，或至少不能由你对我发号施令时，我才有安全感。他们渴望成为自己。于是，你让他往东，他偏要往西；你让他打狗，他偏要去撵鸡。当我们发现孩子陷入了权力之争的时候，最有效的方法是：立即退出争斗。因为，就算是我们大人，当我们自己觉得被限制后，也会自然反击，不如大家在一起商量，事情应该怎么办。

定时召开班会，讨论迟到怎么办，旷课怎么办，打人骂人怎么办，值日生不好好值日怎么办等，是解决师生争权力最好的方法。小丁和刘老师的学生应该不属于这种情况。

问题行为的第三个错误目的是报复。这种情况在问题比较大的孩子身上容易出现。冰冻三尺非一日之寒，他们的问题行为背后所表达的是：我得不到自己想要的，你也别得到。少数问题学生，因为对老师有意见，故意气老师，他们会采取报复行为。比如，上课的时候，故意起哄；考试的时候，故意交白卷等。还有一种报复，是潜意识的选择，他们自己在意识层面是不知道的。比如，很多孩子被家长管制太严格，而这个孩子又非常懂事，他们潜意识想反抗，在意识层面却觉得父母都是为自己好，于是，明明平时学习成绩不错，但每次有重大考试，都会因种种失误考砸。其实，这是他在潜意识里报复家长的控制。一旦孩子有了这样的问题，家长一定要注意，甚至可以让他们找专业心理咨询师求助。

问题行为的第四个错误目的是自暴自弃。他们的错误观念是：我天生不是这块料，我不可能得到爱，我不可能成功，所以我放弃。这种孩子是最可悲的。很多孩子在上小学的时候，就开始自暴自弃了。这种情况，一般是过于追求完美的家长，给孩子设置了很低的"天花板"，让孩子觉得："我的智商可能就是低吧……我妈妈说得对，我就是一个笨蛋……"

再回头说小丁的案例。小丁屡屡找打，是在求关注。如果老师没有意识到这一点，而是批评小丁：你就是欠揍，为什么要故意招惹别人呢？

小丁在失望之余，可能会说："我果然是不被人爱的。父母不要我，爷爷奶奶不要我，好不容易老师曾经给我温暖，如今却也不要我了……我命该如此……我果真是不值得被爱的……"

如此，小丁可能就自暴自弃了。

如果小丁说："这个世界是坏的，父母、亲人、同学老师都不喜欢我，都欺负我……我要让他们知道，我不是那么好欺负的，我要报复……"

如此，小丁就可能有报复的错误目的了。

我后来的做法是：每到气温下降天气变化，就有意无意地走到小丁的身旁，摸摸他的衣服，说："天冷了，下午多加点衣服……"我要用这样的方法告诉小丁，就算你不挨打，老师也依然关注着你。然后，抓住一切机会表扬小丁，比如让小丁收作业，上课前帮老师拿教材等。

我的做法，供刘老师参考！

17 学生受欺负后也想反抗，却不敢，怎么办？

李老师：

　　您曾经写文章说，老实人有两种：一种是谦虚谨慎、安宁本分的；另一种是懦弱怕事、胆小卑微的。第一种老实人，通常是不会让自己受到连续欺负的，因为他们的原则非常明确：人不犯我，我不犯人；人若犯我，礼让三分；人还犯我，我必反抗……遭遇校园欺凌的，通常都是第二种，懦弱怕事、胆小卑微……然而，兔子急了还咬人呢！欺负得太过了，那么，光脚的不怕穿鞋的……我想说：其实第二种人也不想忍，也想反抗，可是不知道怎么做。这种人内心是害怕的，反抗时做什么都会不那么自然，觉得好像就是自己错了，自己不应该这么小气，不然谁不想不让别人欺负呢？其实我们班有人就是属于第二种人，我也属于第二种，在别人眼里是特别温顺的女生，很少拒绝别人的请求……

琼老师

好心疼琼老师和她所说的自己班的那些学生，为什么她们会成为"想反抗，却不敢"的人？

不知道这些同学家里兄弟姐妹几个，排行老几，从小跟谁长大……这个很重要。如果一个家庭过分重男轻女，家长会在女孩子潜意识里播种一个观念：凡事你都要忍让弟弟（或哥哥），否则就不是好孩子，爸爸妈妈就不爱你。

或者告诉孩子：你听话、懂事、忍让，才是好孩子，爸爸妈妈才爱你。

对于一个孩子而言，爸爸妈妈的不爱，是多么重要的一件事情啊！所以事事委曲求全，不敢争取自己的权利，甚至她长大后，自己没有房子，却被要求出钱为弟弟买房子，她也不敢拒绝……她全身上下散发的气息是：我是不值得爱的，我是不完美的。如果我开心了、享受了、反抗了，就会有更大的祸事降临到我身上……于是唯唯诺诺，不敢说不。

她们为什么会有这样的观念？

我回想起自己曾亲眼看见的一件事。

那天，我坐在北京开往郑州的高铁上，夜色已深。列车停靠在安阳站时，上来母子（女）三人，妈妈抱着一个一岁多的孩子，手里拎一个大包，后面跟着一个四五岁的小女孩。

女孩用讨好的语气说："妈妈，我想睡觉。"

妈妈却面无表情，硬邦邦地回答："你要是睡觉，我立马把你扔下去。"

女孩一脸落寞，却不甘心。停顿一会儿，缓缓地说："妈妈，你刚才不是说你爱我吗？"

妈妈："我爱你，是因为你听话。你不听话，我干吗要爱你？"

女孩子说："妈妈你刚才都亲我了。"

妈妈："我亲你，也是因为你听话，因为你懂事。你看，弟弟已经睡着了，我们还有一个大包要拎着，马上就要下车，你若是也睡了，我不扔你我扔谁？"

女孩子不再出声。我能感受到她的悲伤、无奈、不甘和无助……也许，从此以后，女孩子就有了一个念头："妈妈爱我，是因为我听话。"于是，在她年幼的时候，会扮演一个乖乖女，以便获得妈妈的爱。

但是，当她到了青春期呢？她可能走两个极端：第一个极端，她随着年龄的增长，不想再做听话宝宝，而要做自己的时候，她会拒绝妈妈的爱；第二个极端，她会成为"讨好型人格"的人。

一直认为，小时候异常听话乖巧的孩子，内心深处其实是缺乏安全感的。

换句话说，每一个讨好型人格的背后，都有一个缺乏安全感的童年：明明该拒绝别人的无理要求，却委屈地答应了；明明身体不舒服想睡个懒觉，却因为家里人都已经起床，自己便不好意思躺着……他们全身都散发出一种气息——我可以受委屈。

这些人需要从潜意识里和有缺点的自己和解，需要从内心深处认识到，我值得拥有最好的，我爱不完美的自己……

那么，我们怎么和不完美的自己和解呢？

我曾经参加过一个"爱的唤醒"的培训，其中有一个体验环节，导师让我们呼唤着自己的名字并说"我爱你"。比如，我说的是："李迪，我爱你！我爱开朗乐观的你；我爱热爱学习的你；我爱粗心大意的你！我爱有点小任性的你；我爱有点小自私的你；我爱总写错别字的你；李迪我爱你！我爱不喜欢擦玻璃的你；我爱睡懒觉的你；我爱乱买衣服乱花钱的你，我爱在应酬宴会上手足无措的你……"

当时我一边说一边流泪，我知道自己有很多毛病和缺点，但是我爱这个拥有无数缺点的我自己。

我建议这位朋友，告诉那些温顺懦弱不敢说"不"的学生，每天对着镜子，轻轻喊着自己的名字，说出"我爱你"。一开始她们可能会觉得有点别扭，没关系，多说几次，就习惯了。如果她说着说着流泪了，那说明，她爱自己真的太少了。以后多去拥抱自己，轻轻告诉自己：我是世界上独一无二的，我值得拥有最好的爱。这是改变自己潜意识的方式之一。当然，学生最好是在专业人士指导下，在特定的场域里体验（比如我曾经参加的"爱的唤醒"等）。如果没有机会参加专业的指导，那就按照我刚才所说，每天对着镜子，真心实意告诉自己："我爱有缺点的自己，我爱懦弱的自己，我爱胆怯的自己，我爱从小受委屈的自己……"效果也不错。

很多心理学家建议我们静坐、冥想，其实也是想让我们和有缺点的自己共处，去体验内心深处我们最需要的是什么。

第三辑

突发事件篇

18 学生早恋并有"出格"行为，怎么办?

李老师:

前天晚自习我从厕所出来，听见厕所北边有窸窸窣窣的声音。因为工作室所在的楼层平时就我一个人，加上长长的楼道只有一盏灯，我当时有点害怕，喊了几次，终于有个女生出来了。她说她来上厕所，我不信，继续向她出来的方向走，又出来一个男生……把男生留在楼道，让女生跟我进了办公室，问她是哪个班级的。女生哭着求我别告诉班主任。他俩两三周前刚刚受了学校的纪律处分，男生也因此回家反省了几周……我单独和女生谈了很多，最后答应她暂时不找班主任，但是会从各个角度了解他俩情况，再决定告不告诉班主任……后来和同事说起这事儿，同事说我闲得没事干，和女生说那些干吗，直接交给学校就行了……我觉得如果因为这事开除了他俩，女生以后怎么生活啊! 她的名声扫地，那真是我希望的结果吗? 我也不知道自己这一丝善念是害了两个孩子，还是救了两个孩子……

小兰老师

我想对小兰说：就算你这样做没有救了两个孩子，也绝对不是害了他们。

我想起来多年前我听说的发生在李镇西老师身上的一则案例：那天中午，李老师抱着厚厚的一摞作业本上楼梯，刚一到拐角，就看到两个男女同学在走廊尽头拥抱。李老师急中生智，将手里的作业本"哗——"地一声撒在地上，自己急急忙忙弯腰捡作业本，假装没有看见男女生的动作。两个孩子转过身，也以为老师没看见他们刚才在干什么，只是跑来帮助老师捡作业本。这样既打断了他们的出格行为，又给孩子留了面子。

这就叫"静悄悄地表达善意"，给别人留一个面子，不为别的，只为我们都是人，都是有羞耻心的人。

当然，老师"静悄悄表达善意"后，时过境迁，可以给学生开班会、开讲座，讨论如何认识爱情，如何挑选自己的另一半（李镇西老师的书中写到，他曾经给学生召开过一个爱情教育讲座"爱，你准备好了吗"），甚至如何在分手时好好说再见等（我曾经写过这样的文章），学生必然会非常感兴趣。这时候老师大张旗鼓给出建议，表达出我们大人的担忧，学生是愿意接受的。

所以，我为小兰老师"没有上报学校，而是给女生留一个机会"点赞。因为，我们的目的不是开除学生，而是让学生珍惜时间，让学生将注意力放在学习上。简单的开除，有根有据，简单易行，不容易出差错，却难免给人硬邦邦之感，可能真的会因此伤害学生。当女生因此名声扫地，不得不辍学，我们作为教师，心里会愧疚。

你自然可以说这都是他们咎由自取，与我们何干？这种过于单纯锐利的"求真"的态度在教育里，如同一把双刃剑，可能在伤害学生的同时，也让我们心里不安，感觉自己从事着教育，却又在伤害教育。

面对学生"早恋"的出格行为，有的老师建议对他们摆事实、讲道理、苦口婆心、谆谆诱导……这种过于高高在上的说教，有时候能将教师自己感动，却未必在学生那里有效。

我出生在太行山区，暑假回老家，每次行走在山间小道上，看见杂草丛生几乎要遮掩小径，我都会拿一根木棍，一边行走，一边敲打路上茂盛的小草。我的目的很简单——打草惊蛇。我们不愿意看见蛇，难道蛇就愿意看到我们吗？很多时候，给学生足够的尊重，静悄悄表达善良，甚至故意与真相保持一定的距离，是保护学生，也是保护我们自己。这才是真正的教育美学。

所谓教育的美学，应该是各种价值观和教育方式调和后的综合果汁。我们要追求真相，也要保护学生的尊严；要按照校规办事，又要尊重人性——尤其是青春期对异性有好感很正常。所以，我们不可以单纯、锐利地只依靠校规，而忽视、漠视其他的教育方式。作为一名教师，面对学生的问题，比判断是非对错更重要的，是怀一颗悲悯仁慈之心。

对于学生的爱情教育（很多人认为高中生恋爱已经不叫早恋了，但我们暂且还用这个名词），我曾经写过一本书，但今天我要推荐的，是王晓春老师在《早恋，怎么看？怎么办》一书的观点，他认为应对早恋的原则有：1.区别对待，尽量不开"顶风船"（我的解析："顶风船"容易激起学生的叛逆心，他们俩同心同德对抗来自老师和家长的压力，反而更容易闯祸）。2.引导与管控，哪样也不能少（我的解析：引导的主要方式是开班会、开主题讲座等，引导要积极主动；管控便是班规校纪，明文规定）。3.不对早恋亮红灯，只对早恋的出格行为亮红灯（我曾经和学生讨论什么是早恋的出格行为，这也是学生最关心的，大致有：当众表白爱情；当众拥抱、接吻；当众打情骂俏；性行为和怀孕；性骚扰等。明确告诉学生，什么行为属于校园里亮红灯的行为，非常必要）。

有的老师问：学生有了早恋行为，要不要告诉家长。个人认为，能不告诉尽量不告诉。如果事情的发展让我们很难掌控，或孩子情绪激动时，还是要通知家长。

我们千万不要认为，自己无法制止的学生早恋，通知家长就可以解决问题。在多数情况下，通知家长可能适得其反。所以，关于对学生进行爱情教育这件事，还是让我们教师来承担吧！尤其要对女生做认真分析，切忌过于生硬。

19 学生失恋，
情绪崩溃怎么办？

> 李老师：
>
> 　　我班（职专一年级）有个男生失恋了，昨晚我才知道，他坐在寝室地上喝啤酒大哭！闹到很晚，今天没来上课。我去看过他了，从寝管阿姨和同学那了解了情况，没说啥，让他好好休息。我不知道怎么办，现在他在敏感期，跟家长说怕刺激他，不说又怕出事！他最近就是迟到或者不集合，我以为是玩手机玩太迟了，今天才知道这个事。他好像是初恋，听说和二年级的一个女生在谈恋爱，这次失恋伤得很重，听说昨晚哭得撕心裂肺的！还坐在地上不睡觉……我该怎么办？请李老师指点！
>
> 　　　　　　　　　　　　　　　　　　　　　　　　　　　　秦老师

　　我在课间看了这个微信留言，忽然感觉内心变得很软很软，似乎有一丝疼痛从心尖上开始，迅速蔓延到了全身——我似乎是太敏感了哦！但对于一个班主任而言，也许不是坏事，有利于我们感同身受地与学生产生共鸣。

　　我们还是不要自以为是地说他们年纪小，不懂得爱吧！我敬重孩子这纯真的感情。他们的爱情比很多成年人要圣洁得多。

任何真挚的感情都是值得我们去尊重、呵护的，这个甚至不分年龄和性别。

所以，看到秦老师说，她和寝室管理的阿姨都没有说什么，我松了一口气。当我们不知道该怎么做的时候，什么都不做，可能是最好的选择。

如上一篇文章所说，对于爱情教育，我一直坚持"面上教育要主动，个案指导要被动"。

面上教育，就是可以在班级平稳时期，没有什么早恋事情发生的时候，通过开班会、讲座、答疑等方式，对学生进行爱情观教育，让学生知道什么是不良早恋（首先看双方是否自愿；其次看早恋是否具有私密性。很多学生早恋，当众卿卿我我、打情骂俏，影响极坏，属于不良早恋；第三看早恋的性欲色彩。很多孩子早恋，仅仅是内心的喜欢，学习上还相互帮助，这属于良性早恋），什么是早恋的出格行为（当众表白爱情、拥抱接吻、打情骂俏等）。当班主任平时对学生就有了这样的引导，孩子一旦被拒绝，也就明白此事强求不得，否则就沦为了"不良早恋"。

在秦老师谈到的这个问题中，这个男生已经失恋，并且情绪失控，就需要个案指导了。不过，我们的个案指导一定不要过分主动，甚至不用过分去了解孩子失恋的细节，因为失恋事实就在这里摆放着，感情上的事，不能、也不应该去追究谁对谁错。对于爱情，对于失恋，这是孩子必修的功课。在他的人生之路上，我们只是一个啦啦队的角色，所能做的就是呼喊"加油"。那漫长的人生道路，还得学生自己去跑。

面对挫折，每一个孩子的承受能力都是不一样的。这个失恋孩子如今情绪崩溃，我们需要做的有以下几点：

一、不询问，只陪伴

孩子痛苦的原因大家都已经知道，就不要再分析、开导、询问了。我们能做的，只有陪伴。

对此我有切身体会。

几年前某一天，我因为工作中的挫折以及身体的原因，心情不佳，忍不住在 QQ 空间吐槽。其实我也只是宣泄罢了，写完后，就没有在意。但是，没过一会儿，一个多年没有联系的朋友在 QQ 里跟我私聊："放松心情哦！我给你发一段好听的音乐，你听听，平复一下……我在这里陪着你……"

他没有问我为什么，也没有跟我讲一大堆道理，但是，我就是感觉好温暖。

现在这个孩子需要的，可能就是一个信任的朋友、老师、亲人去陪伴他面对悲伤。这个承担安慰的人，必须有较强的同理心，能够和孩子连接——不仅仅是心灵的连接，还有身体的连接。在孩子实在难受的时候，在孩子哭得很厉害的时候，有一些肢体接触是很必要的。比如拥抱，就可以给人带来安全感，可以让他分泌多巴胺，使孩子能安全放心地宣泄（只限于同性师生）。

当我们主动去拥抱哭泣的孩子的时候，他们往往会更紧地拥抱我们。

就我自己而言，我是不拒绝拥抱学生的。

近来，我常在班主任培训的讲座中谈到拥抱的重要性，台下老师 99% 都说自从生过孩子后，就没有和爱人拥抱的习惯了。这时我会走下讲台，请一个三四十岁的女教师站起来，主动去拥抱她，并真诚地说："亲爱的，我爱你！"有的女教师会当场哽咽着回应："老师，我也爱你。"放下手，这个女教师就已经热泪盈眶了——其实我们是第一次见面。

大人尚且需要这样的拥抱，何况正在悲伤的孩子？

好吧！我知道您可能想说，他是男生，而我是一个女教师啊！

我不赞成大学刚毕业的年轻女教师，去拥抱学生。但是，轻轻地拍拍孩子的手，或者肩膀，是很有效果的。或者，班主任可以请孩子的爸爸妈妈去拥抱自己的孩子。

这件事，我个人认为还是要告诉家长，并且指导家长用正确的态度对待孩子。

二、发动男生的好友表达关怀

999感冒灵冲剂曾经推出一个暖心视频，名字叫《总有人在偷偷爱着你》，视频中一个姑娘孤单单坐在阳台上，在网上发出问题："手上的动脉在哪里？越具体越好。"

马上有网友回复："小可爱，你的动脉被我藏起来了，你笑一下，我就给你看。"

"傻瓜，比动脉好玩的事情多着呢！你是不是不开心了，我煮碗粥给你吃吧！我煮的粥可好吃了……"

这些网友们可能不知道，自己的一句"抱抱"，一句"小傻瓜"，就能挽救一个鲜活的生命，让这个暗淡无光的夜晚变得璀璨。

所以，我们要告诉自己班的学生：既不能指责男生的前女友，也不可轻看失恋男生现在的崩溃，而要怀一颗柔软的心，去温暖自己的同学——暖男和暖女，就是这样培养的。这是引导学生充满善意地对待他人最好的契机，让学生明白："好言一句三冬暖，恶语伤人六月寒。"在我们遇到委屈、埋怨、苦闷、不开心的时候，来自身边人的安慰多么重要。

三、尝试倾听，多关注情绪，少谈论事情

除了陪伴、让学生在网上给予他支持和理解，老师还可以指导着他的亲友学会倾听。在倾听的时候，注意要有适度的反应，但是我们不能轻易回答"是"。如果我们说"是"，他会更加委屈，更加怨恨女生；同时也不能说"不是"，如果我们说"不是"，他会感觉自己不被理解。我们只要很认真、很专注地听，不停地点头，嘴里嗯嗯啊啊地答复，必要的时候重复一下他的话等。总之，让学生知道我们理解他的感受，但可能不赞成他的观点，就足够了。

我们要明白，安慰的重点，不是事件本身，而是事件引发的情绪。所以要关注情绪，而不要谈论事情。

在倾听时，要注意以下三方面：

1. 批判

批判主要来自父母或朋友，比如："别人失恋都没事，你的反应怎么就这么大？""你能不能有点出息！"

这个孩子感情受挫本来就很难过，这句话相当于变相指责学生不够坚强，认为他不应该伤心。这不仅伤害了他的自尊心，打击了他的自信心，更削减了他的倾诉欲。

压抑的结果，可能导致更大的心理问题。

想一下，如果我们在外面受了委屈，比如没有评上优秀教师，本来心里就难受，你的亲人还说："人家都能评上，为什么你没有评上？肯定是你人缘不好……"

我们会怎么想？

在我回复您这封信的时候，我办公室的一位同事，说她的姐姐失恋后，痛哭流涕，她的妈妈说："哭什么哭？有什么好哭的？"姐姐哭着回答："我难受，我哭都不行吗？"

是啊！孩子难受，哭都不行吗？我们不给他们贴标签，而是真诚地关怀他们，陪伴他们，不可以吗？

2. 说教

说教主要来自教师或同学。比如："你就应该怎样怎样……"

其实，这时候，学生更想要的是对方和自己统一战线，保持情绪一致，而不是站着说话不腰疼。想一下，如果是我们在单位里遇到了烦恼，回到家跟爱人谈起，爱人马上打断，说："你应该如何如何"，我们会有什么感觉？

恐怕一场家庭战争的爆发是难免的。

3. 苦难对比

"人家谁谁谁，比你更悲惨。""人家都失恋十次了，你这不才失恋一次吗……"这种看似安慰的话，其实在一定程度上剥夺了学生宣泄的权利和欲望，是更重度的伤害。

比如，我在第一次担任班主任的时候，曾经在疲惫时叹息："真的好累啊！"我的一个同事马上说："你累？你会有我累吗？我的孩子不到一岁，晚上又是吃奶又是换尿布，你还能有我累？"

我当时直接什么话都不想说：我当班主任的累，和她带女儿的累，是一个范畴的吗？她的累，和我的累，有矛盾吗？

这样"比惨"的安慰，还是不要也罢！

四、用写信的方式，适当地给出建议或者表达自己的支持

这个学生在感情上遇到很大的挫折，我建议老师给他写信，给到足够的安慰和理解，绝不强迫孩子去做什么。

如果以上这些都没有效果，如果我们实在无能为力，可以告诉这个男生："看到你这么难过，我也很难过。我不是特别会安慰人，但是我会一直陪着你，无论你什么时候需要我，我都在……"

这样，虽然我们没有给他实质性的帮助，但是情感上已经很大程度上让对方得到了满足。

20 我批评捣乱的学生，学生和我对吼两节课，怎么办？

> 李老师：
>
> 星期天晚上一个学生讲了几次话，我干涉他，他却认为我是针对他那组，其实就只有他们那组在讲话，我和他不可避免地发生了语言冲突，对吼了两节晚自习。
>
> 学生和我作对，我通知了班主任，到现在已经3天了，班主任没有反馈，学生没有道歉，我还照常给他们上课。想一想，如果我不管他，会惹出这样的麻烦吗？如果当时学生和我打起来，心好一点的领导或许会帮我说句话，其他领导呢，会帮我吗？可能我还得给学生道歉甚至赔医药费。我不管学生被学校扣点钱也比管学生，与学生发生语言或肢体冲突划算吧？
>
> 但是如果学生出问题，我都是这样表面管管，学生会听我的吗？纪律还能执行下去吗？您觉得遇到这种情况我该怎么办好呢？
>
> 张老师

张老师显然认为自己所做的一切都是对的：学生晚自习讲话，老师干涉他。

没问题吧？学生认为老师是针对他那一组，师生不可避免发生了语言冲突，对吼了两节课，没问题吧？

然而且慢，学生讲话——老师干涉——发生语言冲突——对吼两节课。

为什么学生说话，老师就不可避免要和学生发生语言冲突呢？为什么冲突后，甚至要对吼两节晚自习呢？那对整个班级的学习氛围，是怎样一种破坏？

也难怪事过三天，班主任也没有反馈。但是，张老师显然没有认识到自己的错误。他认为：学生说话不该干涉吗？干涉后学生不满，不该发生语言冲突吗？对吼两节课，不是很正常吗？班主任不该给个解释吗？

我想起了三年前，一个班主任向我求助：课堂上她听见一个学生的手机响了，但是学生死活不承认；于是老师问该生的同桌，"你是否听见手机响了？"该生同桌说："没听见。"老师气急败坏，问班长："你听见手机响了吗？"班长眼睛一翻："没听见。"教师彻底崩溃："手机明明响了，你们偏偏说没响，这是故意气死我的节奏吗？好！你们有能耐，我不当你们班主任了！"老师拂袖而去。

然后，学生在一起讨论：我们究竟还要不要这个班主任？

讨论的结果是：有班主任还不如没有班主任，所以全班投票通过，不要这个班主任了。班主任这才慌了。

我给这个老师出主意：你快点给学生道歉啊！老师说："我已经道过歉了，但是纪律还是很差。我现在搞清楚了，班里学生一共分三批：一批坚决反对我当班主任；一批是当也行，不当也可以；还有一批是支持我的。但是我不知道他们的支持是真心还是假意。"

我一听，就想问：既然已经道过歉了，为什么还要追究是谁在反对你当班主任呢？我们这一追究，会显得道歉特别没有诚意，那些反对老师当班主任的人，会更加反对。

教师要学习，要成长，需要搬走头上的三座大山：固有的行为模式、思维习惯和固有的心理模式。

这，需要我们勤快一点，不要太懒于思索。

近期听樊登读书会，其中有一段话很有意思：亚当和夏娃受了蛇的教唆，要吃智慧果。这个时候，人类的命运其实是有转机的，那就是他俩去跟上帝商量一下，问上帝究竟该不该吃智慧果。因为上帝对他们很不错，而且上帝经常在伊甸园里散步，很容易就能碰上。可这俩孩子为啥就不问呢？各位不要以为这是无聊的猜想，这里面隐含着对人类原罪的认识，因为这是人类犯下的第一个错误，而这个错误在其后不断地重新上演。这个错误就叫作懒惰。

懒惰是原罪。懒惰的背后是恐惧——对未知的深深恐惧。甚至连问一问上帝，哪怕被拒绝也没什么损失的情况下，人类依然会恐惧于面对这个结果。沿着这条懒惰的动力线看下来，知道自己为什么生活得那么按部就班了吗？小学、初中、高中、大学、硕士、博士，然后停止学习！大部分人学习只是为了拿到按部就班的成果，至于为什么要这么做，懒得去想。因此，我们人生中最需要克服的阻力就是"惯性"！

我们班主任在遇到学生问题的时候，最容易犯的错误，也是懒惰，也是惯性。从来不问问：我真的非要查清楚谁的手机在响吗？和学生发生矛盾，老师必须就要赢吗？输赢真的就那么重要吗？我必须要明察秋毫吗？

如果我是这位张老师，在值班的时候，听到学生吵闹，我去制止："别吵了，楼下都听见你们的声音了。"学生说："全班都在吵，凭什么只管我们？"我会说："好的，你们先静下来，我马上去制止他们……"这件事情就过去了。我打破了惯性。我不介意学生的顶撞，我也不必和学生对吼两节课。

课堂上手机响了，但学生死活不承认。那就不要再追究了，只冷冷地提醒一下：以后尽量不要带手机进教室。如果带了，记着调至静音……因为师生争也争不出来一个有价值的结果，只是破坏课堂气氛，徒增烦恼。我这冷冷地提醒，就打破了固有的思维惯性和固有的行为模式。

在电影《看上去很美》里，有一个场景：李老师带着孩子们弹琴唱歌，这时候，方枪枪放了一个屁。李老师马上停下来，问：谁放的？孩子们都不吭声，方枪枪自然也不敢吭声。于是，李老师也不怕臭，就趴在孩子们的屁股上，一个个闻，究竟是谁放的屁，究竟谁的屁股有点臭……

李老师看上去很负责。但是，这个举动，有意义吗？按照我们教师明察秋毫的惯性，就算最后查出来是方枪枪放的屁，那又怎么样？

真相，输赢，真的就那么重要吗？

最后谈谈我给那位朋友（在课堂上她的学生手机响了）的建议：第一，找领导求助。不是让领导批评自己班的学生，而是对领导说："我们班这段时间出现了一些状况，纪律可能有点差，您先不要批评我班学生。您给我时间，我一定会把这种状况扭转过来。"

开班会再次郑重向学生道歉。如果是我，我会说："昨天我说我不当你们班主任，其实我是吓唬你们的。我真的非常喜欢你们，我特别想当你们的班主任。但是，我没有想到你们竟然这么讨厌我。既然你们这么讨厌我，我想，我的面子问题是小事，关键是你们要有一个好的前程。所以，请大家放心，我一定会要求咱们学校领导，给你们安排一个最优秀、最负责的老师当你们的班主任。而且，从此以后，无论你们遇到什么问题：学习上、生活中、思想方面……都可以来找我……因为，我是那样喜欢你们……我特别想继续当你们的班主任……"说到这里，不禁流出眼泪。

我们的学生都是非常感性的，老师一流泪，马上就会有学生说：老师，我们还愿意让您当我们的班主任……哪怕只有一个学生这样说，我们都要很惊喜地问："真的吗？你们真的还愿意给我这样一个机会？如果你们让我继续当你们的班主任，我一定会怎样怎样……我就不相信了，外班的同学可以做到的事情，我们班学生就做不到……只要我们师生的心是一致的，只要我们愿意……"

这个班的班风马上就健康了——只因为，老师打破了固有的行为模式惯性。

我经常给学生道歉。有时候明明是我对了，学生错了。学生在激动时，我也会向他们道歉。然后，第二天大家都冷静下来，我再说："昨天我向你们道歉，说我错了，其实真的不是我错了，而是我比较珍惜咱们师生的感情……我不想让你们难过……所以我说我错了……"

　　这时候，学生怎么可能不感动呢？我只是打破了固有的思维、行为、心理模式啊！

21 学生在遇到突发事件后，控制不住自己的情绪怎么办？

李老师：

　　班里一个平时很老实的男生和同学闹了矛盾，老师批评了他一句，他暴怒之下要跳楼，幸亏被别的同学拉住了……朋友惊出了一身冷汗，感慨道：现在的学生怎么这样？您能谈谈如何处理学生的情绪吗？

李老师

　　为什么学生在遇到突发事件后，控制不住自己的情绪？为什么我们遇到突发事件后，也控制不住自己的情绪？

　　人的大脑分为三部分：最里面的一部分是原始脑，也叫爬行动物脑，是负责生存的，是所有的动物都有的，连昆虫都有的，有的地方也叫它杏仁核；中间的部分叫情绪脑，是哺乳动物有，而昆虫没有的；最外面的部分，叫理性大脑皮层，是只有人类有，而其他动物都没有的。我们一旦遇到突发事件，首先起反应的，就是原始脑和情绪脑，而理性大脑皮层比前两者反应最少慢了 6 秒钟，有时候甚至慢更长时间。

比如 2008 年汶川地震，有一个男的在地震来临那一刻，起身就跑到了楼下……跑下去一想：老婆、孩子还在楼上，马上又转身跑到了楼上。在他跑下去那一刻，是原始脑和情绪脑起了作用；在他又跑回去的那一刻，是理性大脑起了作用。

所以，很多人说爱情是禁不住考验的。其实，仅仅就这种面对突发事件的情况而言，不是爱情禁不住考验，是人的本能禁不住考验。

案例中这个平时很老实的学生，为什么在受欺负后变得那么冲动，控制不住情绪？因为他的原始脑和情绪脑在起作用，他想打架，他很愤怒；为什么同学拉住他，过了一会儿，问题没有进一步扩大？因为几分钟后，他恢复了理智。

同理，为什么我们看了很多教育类的书，道理说起来一套一套，遇到学生或孩子捣乱、闯祸还是控制不住自己的情绪？因为原始脑和情绪脑在起作用。

针对这样的情况，怎么办？

一、学会积极地暂停

《正面管教》提出来一个"积极地暂停"的概念，让孩子、老师、家长在盛怒之下，到"冷静区"去冷静一下、暂停一下，有利于解决问题。比如孩子在号啕大哭、撒泼打滚的时候，我们大人说什么话都是没有用的。有的家长一气之下，会给孩子一巴掌，孩子就不哭了。于是，孩子的家长就以为自己这招很灵。其实不是你这招灵，而是你把孩子吓住了，是孩子的本能告诉孩子，他打不过，于是他采取了逃跑、投降，甚至手脚发软，面色苍白……其实他的内心是不满的，是有伤痛的。等有一天他长大了，到了青春期，本能告诉他，他能打得过爸爸，说不定会跟爸爸对着打。而且极有可能也会用暴力去对待比他弱小的人。

话说到这里，有的人可能会纳闷：什么是冷静区？

冷静区即在家里或学校找一个角落，让孩子在平静的时候，按照自己的喜好布置一下，可以是阳台、飘窗或教室的一个角落等，放上孩子喜欢的玩具和书籍，告诉孩子：一旦你生气发脾气了，就先到这个冷静区停留五分钟，等你冷静下来了，我们再交流。妈妈（爸爸）让你到冷静区，不是让你接受教训的，而是让你恢复理智。特别提醒，冷静区不是小黑屋。把孩子关在小黑屋里，可能导致孩子有被抛弃的创伤。如果孩子哭得厉害，我们可以在他旁边说：某某同学，你先哭一会儿，我就在旁边陪着你。等你觉得可以和我交流了，我们再交流。

这就是"先处理情绪，再处理事情"。等情绪问题解决了，事情自然也就不再棘手。这也是教给孩子遇到突发事件时，首先要冷静。

那么，爸爸妈妈或老师，是否需要积极地暂停和冷静区？

当然需要。因为家长和老师是成年人，面对孩子，我们的破坏力更强，更容易把孩子打坏打伤。家长的冷静区一般是卫生间或厨房。在孩子大哭大闹歇斯底里的时候，家长可以喊一声：不行了我要生气了，我要揍人了。我需要到冷静区冷静一下，你们快点逃命……

孩子可能当时就不闹了（这其实运用了另一个技巧）。十分钟后，妈妈从卫生间出来，可能就不会揍人，也不会做过激的事情了；而孩子，也更加冷静了。这是家长用自己的行为，告诉孩子激动之下，要先冷静。

二、善用"缓解愤怒及悲伤学生四招"

如果是班主任面对初高中以上的孩子，我们让情绪激动的学生到冷静区待着，人家不去。这时候怎么办？

当一个人想打架的时候，需要的情绪是愤怒。人越愤怒，战斗力越强。所以在战争时期，有战前演讲，激起士兵的愤怒，战斗力就会非常强。

面对愤怒的学生，为了避免更大的伤害，首先需要的，就是缓解愤怒。缓解愤怒有四招：

第一招：降低重心。

心理学家研究发现，一个人胆子的大小和身体重心的高度是正相关的。也就是说，我们站得越高，胆子越大，越容易有过激行为。所以我们看见打架的人都是拍案而起的。要想缓解学生的愤怒，第一招就是先让他们坐下来。我经常看见一些女教师，个子本来就没有男生高，她们在批评男生的时候，坐在凳子上，仰视着男生："你怎么又迟到了？你怎么又……"男生居高临下看着她："我又迟到了，你说怎么办吧！"

这个效果一点也不好。如果我们要让某个学生承认错误，一定不要让他站得比我们高，最好是平视，大家都是平等的，让学生坐一个硬硬的小方凳或小圆凳（不要有靠背），这时候孩子很容易反思自己的错误。

然而，如果我们面前这个孩子或家长已经气急败坏、暴跳如雷，或者悲痛欲绝了，就不要让他坐小方凳小圆凳了，要让他们坐得越低越好。比如宾馆接待中心的那种沙发，特别软，坐下来臀部陷进坑里，比膝盖还要低，再给他倒一杯水，他们50%的气就没有了。

第二招：倾听。

成熟的标志不是一味证明你是对的，对方是错的，而是即使在认为自己对的情况下，也要耐心听听孩子的心声。而且，不但要听，还要有适当的反应，比如：我们的眼睛要忽大忽小，嘴巴要哼哈不停，身体要前仰后合……"啊？哦！这样啊！不会吧……"

第三招：重复。

重复是最简单的共情。只要我们一重复对方的话，对方立马会感觉到：我们很重视他，很尊重他。比如，新生入学，一个女生第一次住校，想家了，哭哭啼啼来找你。你不知道重复，可能会怎么说？"想家了？家有什么好想的？咱学校那么多人，人家都不想家，你怎么就想家了？好男儿志在四方，好女儿也要志在四方。你看看老师，我都好久没有回家了，我都不想家，你想什么家……"孩子不哭了，她愣愣地看着你，心里想的是：我的柔情，你永远不懂。

正确的做法是什么呢？

她说她想家了，老师马上重复她的话："哦！你想家了啊！是不是想妈妈做的饭了？"我们重复一下，再引申一下，孩子马上感觉你很懂她。她继续哭诉："寝室里特别热……"你再重复："寝室里特别热啊！你是不是睡不好觉？"她又说："而且蚊子还多。"你马上又重复："而且蚊子还多啊！有没有咬到你身上……"

你放心吧！她不是真的要回去，她只是需要倾诉，需要理解。这样倾诉一番，她可能就会觉得：这个老师太善解人意了，真的像妈妈一样。

需要特别强调的是，我们要重复孩子的感受，而不是他们的原话。否则，他们会生气的。

第四招：触摸。

有心理学家曾经做过一个实验：他们安排了两组人到一个图书馆，让同一个图书管理员为他们服务。第一组人过去的时候，让图书管理员严格按照借书的程序去服务。在第二组人过去的时候，心理学家要求图书管理员看似无意，其实有意地让她轻轻地用手背触碰一下借书人的手指或手背，借书人甚至都没有意识到。但最后，让这两组人为这个图书管理员打分，非常惊奇地发现，经过触碰的那组人，普遍比没有经过触碰的人给她打的分数高。

因此，他们得出一个结论：最有效的共情就是触摸。

所以，在孩子特别悲伤、愤怒的时候，爸爸、妈妈、老师就可以过去抱抱她。可以用重复、触摸的方式给予安慰，然后把他带到办公室，降低重心，倾听。

22 班里的作业本、U 盘等 总是丢失，怎么办？

> 李老师：
>
> 　　我是一个小学三年级的教师，发现班级接二连三丢失小东西，这次是丢失了一个练习本，上次某老师丢了一个 U 盘。后来老师进教室问谁捡到了 U 盘，小李同学就拿了出来。老师感谢了他，内心却知道这是小李"主动拿的"，并不是捡到的。当老师把小李这种行为告诉家长后，家长却"护短"，不承认孩子的问题行为。这一次老师发现丢失了练习本，直接把小李叫到国旗台下，说要调监控，由此"诈"了出来，就是小李所拿。于是对他一番批评教育，让他写了出来，并告诉了家长，家长这次相信了。您说遇到了这样的情况，怎么办？
>
> 郑老师

　　当班主任这么多年，我所带的每一个班级，都会或多或少出现失窃现象，我从一开始的积极"破案"，到现在很多时候只是引导、关注，心理路程可谓"溯洄从之，道阻且长"。

　　首先，遇到班级失窃案，我们要明白自己是教师而不是警察。警察的目的是"破案"（教育次之）；而教师的主要任务是陪伴学生成长。学生在成长中免不了要"试错"，我们便陪着他们一起试错，并在试错中，陪他们选择正确的做法。

其次，要分析"失窃案"的动机。学生行窃，动机有以下几种：1. 报复型。我偷你的东西不是想占有财物，而是想让你难受，因为你让我受了委屈。报复型失窃，丢失的一般是物，而不是钱。2. 拿错。他本不打算拥为己有，但老师急着寻找，甚至在班级群里呼喊"不经过他人的同意就拿人家的东西，是盗窃……"这种定义不光彩。于是，就算他想还回来，也害怕被人认为是小偷而不敢还，假"偷"成了真偷。3. "乱拿型"。丢失的也是物，而不是钱。同学自己乱丢乱放，说不定什么时候物品就又找到了。前阵子我整理自己的证件，怎么也找不到我的教师资格证。又过了两天再去看，教师资格证好好地就在文件袋里放着，但我当时就是睁大两眼看不见。4. 迫不得已型。盗窃者不坏，实在是太饿太穷需要钱。"迫不得已型"失窃，丢的一般是钱，不是物。5. 有的是没有界限，认为你的就是我的，我的还是我的。6. 品德型。7. 心理问题"盗窃癖"。他们通过盗窃，来体验畸形的愉悦，事后却很后悔。"盗窃癖"既有偷钱的，也有偷物的。而且丢失的都是奇奇怪怪的东西——卫生纸、方便面、玩具、作业本……偷了以后自己未必用，他们只是想体验那种紧张后的愉悦感。

倘若是"报复型"失窃，就解决受委屈、报复的问题；倘若是乱拿或乱丢乱放，那就解决乱拿或乱丢乱放问题；倘若是"迫不得已型"，我们甚至要心疼这个盗窃的同学：在这个年代，他怎么还要饿肚子。甚至自责：为什么我们这些老师没有早一点发现这个同学进入了困境？为什么没有及时给他帮助……无论如何，不要急着给他们贴上"盗窃"的标签；如果是盗窃癖，那属于心理疾病，要向专业人士求助。

分析郑老师班级的这个小李同学，他"偷"的东西有 U 盘、作业本、同学其他物品……他很有可能是"盗窃癖"的雏形。因为他年龄小，可能这样的心理问题尚未完全形成。纵观整个案例，小李的品德真心不坏，所以他才会在老师询问 U 盘的时候承认，后来又在郑老师一"诈"之下坦白。

这是一个好孩子，这是一个正在走弯路、正在试错的好孩子。

当老师和孩子家长联系的时候，为什么这个孩子的家长一开始不承认？因为老师和家长的目的不一样。老师的目的是解决失窃问题，而家长的目的是保护孩子健康成长。就算家长知道自己的孩子偷了人家的东西，为了孩子的名声，他们也不愿意承认。

我们教师很多时候和学生较真，我们过于追究事实真相，其实都只是将解决问题放到了第一位，而没有想过这个孩子的成长、名声，因此我们和家长的选择不一样。

我们不要再抱怨家长为什么不和老师配合了。

小李同学很单纯。倘若他到了初中、高中，这种依靠监控和问话的处理方式，只怕是无效的，甚至会激起他的逆反心，会强化他的盗窃行为。同时，也正因为小李在小学，郑老师这样严厉的询问和批评，对于小李尚不成熟、尚不顽固的"盗窃癖"，也许是有用的。

思忖"盗窃癖"的形成，应该是这个孩子第一次偷盗时非常紧张，盗窃成功之后，会产生一种挑战自己的愉悦感。尽管在事后，这些人在理智上觉得自己"真坏，怎么又干这事儿"，他们会后悔，甚至买东西弥补丢失财物的同学。但是盗窃紧张之后的愉悦，对他却是极大的奖赏，他会忍不住继续偷窃。倘若小李在这次偷窃后，老师让他体验到了痛苦和不安，也许——仅仅是也许，会削弱他盗窃的愉悦感。也许会对他的"盗窃癖"有好处。这个在心理学里，属于厌恶疗法。盗窃行为与受批评的时间相距越近，效果越好。

你是在多长时间内学会了不要触碰火苗的？可能一秒钟足矣。

小李的"盗窃癖"尚未养成，他需要多久改正过来？也许老师一次严厉的批评足矣。

同时，老师还要和家长联系，告诉家长：孩子不坏，但是若不及时制止，小李每一次盗窃后的愉悦，都会成为"盗窃癖"的营养。所以，还是建议他们向专业人士求助，认真思索如何保护孩子健康成长。

　　在陪伴小李成长的同时，一定不要忘记了"抱持性环境"。所谓"抱持性环境"，就是"无论你好还是坏，我都稳稳当当地相信着你；即使你最惨的时候，我也愿意承接和帮助你。"这是每个未成熟的孩子都需要的一个好环境——对小学生尤其如此。让他们坚信，自己是一个目前有缺点的好孩子，爸爸、妈妈、老师、同学都会为他改正缺点而加油，非常重要。

23 学生要结伴退学，怎么办？

李老师：

　　今天上午的数学课上，吴同学和魏同学讨论中午吃什么饭，又拉拉前排的刘同学的衣服希望她参与讨论，刘同学转头说："等下课后再说……"结果就被数学老师发现了。老师狠狠地批评刘同学，刘同学很委屈，和老师争吵起来，被老师赶出了教室……下课后，刘同学找到我这个班主任说要退学，接着，吴同学和魏同学也说要退学……遇到这样结伴退学的情况，班主任该怎么做？

花老师

　　我也遇到过和花老师类似的案例。

　　那是新学期开学第二天，我正在为电子班上课，学生示意我看门外——小雨、菲菲和班长珊珊站在门口，用求安慰的目光注视着我。

　　我急忙安排电子班学生写作业，走到门外，只见小雨梨花带雨，未曾开言泪先流："李老师，舞蹈课上我根本就没有说话，老师却批评我，一口咬定我说话了，我分辩了几句，她就不让我进教室，说必须是您给她打了电话才让我上舞蹈课。"

小雨是我们班非常乖巧的女孩子，最擅长撒娇卖萌，尽管有时候说话不着调，却也没有大毛病。舞蹈老师是一个外聘老师，对学生要求很严格，说话可能不注意方式。

这件事谁对谁错？我分了以下几步走。

一、对受委屈的同学表示理解和同情

无论如何，目前我要对小雨表达同情——身后还有一个班级的学生等着我上课呢！我必须速战速决。我走上去拥抱小雨，重复她的话："哦！你没有说话，老师误会你了！我知道你受委屈了，我现在就跟她打电话……"

对于花老师遇到的案例，刘同学显然是被老师误会了。无论她和数学老师后来的冲突有多大，我们安慰她、同情理解她总是没错的。

二、代替学生向和学生发生矛盾的老师道歉

无论是否是学生的错，我们都要向任课老师道歉。毕竟铁打的营盘流水的兵，学生几年后就毕业了，我们却要和同事相处一辈子。万万不要以为自己有权力判断他们师生间的输赢。

所以，电话里，我真诚地向舞蹈老师道歉："刚刚开学，同学们可能有点激动，上课纪律不太好，真对不起！我以后一定会提醒她们认真学习。您消消气，让小雨进教室上课吧……"

对于花老师所说的案例，花老师也可以向数学老师道歉。无论如何，自己班的学生惹人家生气了，道歉是应该的。同时要注意，我们道歉就只道歉，千万不要辩解，因为辩解在对方听来，不是道歉，而是指责了，可能火上浇油。

当时我们班的情况更复杂。

我在外班一下课，走进教室，学生纷纷向我示意："老师，您看小雨……"小雨眼睛更加红肿，泪水小溪般止不住向下淌。她好像哭了一下午。问起来，小雨说："老师，您给舞蹈老师打了电话，但她还是没有让我进教室。我在门外站了两节课，她还要让我写2000字的检讨，下次上课让我当着全班同学的面读出来……老师，我想退学……"

小婷和菲菲在走廊里看见我，说："老师，我们也不想上学了。"

我问："为什么？"小婷和菲菲都是班里最淘气的学生，平时违反了纪律只怕被学校劝退，今天怎么说要主动退学了？说实话，如果班里没有她俩，纪律肯定会好很多。但是，也不能为了班级纪律就同意这两个学生退学吧！今天的事，必有猫腻。

菲菲说："就是因为舞蹈老师，她说话好难听，我们都受不了……我们要退学……"我看着两个人的表情，脑子飞速判断一下，就知道她们不是真的要退学，而只是用这种方式抗议舞蹈老师的批评，无非是想引起我的注意。

陈飞也跟了过来，低垂着眼睛，说："老师，我不想上学了，我想转校转专业……"我一听，头都大了，这么多学生要退学……我要是安抚不了，可怎么向学校交代呢？

我揽着陈飞的肩："不着急，咱和小雨一起去办公室聊聊……"

三、了解情况，开导学生

学生接二连三来找班主任说要退学，其实是在表达自己的委屈。所以，我要静下心来，认真倾听原委。

办公室里，我仔细询问，才知道今天开学第一次上舞蹈课，小婷、菲菲等四五个学生没有按要求换舞蹈衣（平时穿的裤子不方便练功），导致老师大发雷霆，小雨看着她们穿的衣服做不成舞蹈动作，忍不住想笑，被老师发现，这不亚于在老师气头上火上浇油。老师对小雨说了很多难听话，小雨辩解，老师更生气……

于是，这三个人都闹着要退学。当然，一个是真伤心，小婷和菲菲却有与朋友同甘共苦的味道——毕竟她们也没穿舞蹈练功服。

然而，陈飞呢？陈飞为什么哭得这么厉害，非要退学？

陈飞说："我看见老师发脾气，觉得压力好大。我害怕学不会舞蹈。"

我问："舞蹈老师批评你了吗？"

陈飞："没有。"

我："没有批评你，你怎么就被吓住了？"同学们都笑，陈飞也跟着笑，脸上还挂着泪珠。原来是"杀鸡给猴看"，结果猴也给吓死了啊！

我说："你看你成绩也不错，平时又那么遵守纪律，我可舍不得你走呢！"

陈飞说："我是害怕技能竞赛。"

我恍然大悟——为了督促学生认真学习，我们学校每年都要举行技能竞赛，所有同学都必须参加，陈飞压力太大，要知难而退了。

我说："距离下次技能竞赛还有一年呢！你现在就开始紧张了？"

培杰说："不仅她紧张，咱班好多同学都紧张。"

我说："那就学啊！你们从现在开始就好好练习，到时候肯定比别人弹琴、唱歌、跳舞都好，那还怕什么？真的能好好练琴的话，你们还期盼竞赛呢！学习，也许不能给你带来快乐，但是可以让你更加强大。在学习之前，你就像一匹小狼，一箭下来，你就倒地身亡，一个小小的竞赛都能把你打垮；但是，在你学习之后，你就像一匹老狼，万箭穿身你依然不倒。生活里，哪里会没有压力呢？"

几个人点头。

我又说："今天中午我到咱们学校门口那个焖面馆吃饭，看见老板娘一手抱着两个月大的婴儿，一手在收盘子。我说：'孩子这么小，怎么就抱着她来收盘子了？'她说：'一满月就来了。我每天都要收盘子，趁着孩子睡觉我还要择菜……'你们说，这样的生活压力大不大？"

陈飞叹息："她怎么受得了！"

我说："生活本来就是这样，受不了也要受，不能逃避。面对学习压力，也不能逃避……"

陈飞："等到二年级估计就更难了，我怕到时候我不会。"

我忍着笑："哦！这样啊！你是怕学不会，就干脆不学了？那……就好像，我们知道最后免不了一死，现在就不活了？"

几个人又一起笑。

我说："我马上会要求你们找相互帮助的搭档，咱班每个人都要制订本学期目标、行动计划、检视点等，咱从现在开始就努力，一定没问题的……"

小雨说："舞蹈老师让我读检查呢！我一想起来就害怕……"

我个人认为让学生写检讨一点用都没有，只会令同学们更加叛逆，便说："没关系，我会侧面提醒她，或者让咱们专业部主任提醒她。下次你们上课我会去听课，你们觉得，可行吗？"

小婷说："我们以后一定会按照要求穿练功服。"

我说："如果你们上课按照要求着装、练习，老师也不可能批评你们！现在你们总是顶着一头小辫子四处招摇，那就别埋怨别人总揪你……"

小婷说："是的，老师，我们知道了……"

她们不谈退学的事情，我自然也就不提。接下来，我需要做的，就是委婉地和舞蹈老师沟通，同时帮助学生做好学习计划，落实到每一天的努力方向。

总结一下，在学生提出退学后，我们首先想到的应该是"为什么"。如果是成绩不错要上高中、考大学，我们便帮助学生分析利弊。他们一心要走，那就支持；如果是因为家庭发生变故，难以继续学业，在表示同情遗憾的同时，给予理解；如果是因为实在不适合这个专业，要换学校换专业，那就尊重他们的选择。总之是将学生的健康发展放到第一位。如果学生是因为受了委屈要退学，首先看看是校园欺凌，还是因为老师误会？如果是校园欺凌，就解决欺凌问题；如果是老师误会，比如小雨，比如花老师案例中的刘同学，就先倾听孩子的诉说，必要的时候拥抱他们的肩膀、重复他们的语言，给孩子足够的理解、共情，再一一分析，间或开几句玩笑，缓和气氛……都很有效；如果是因为学习压力太大，就从帮助学生制订学习计划、落实计划等根本上去帮助他们。

24 学生受委屈后，不依不饶 要说法，怎么办？

李老师：

　　我们班的班长很认真，但脾气有点暴躁。因为刚刚参加过篮球比赛，同学们比较激动，昨天晚自习纪律有点差。班长制止了几次，大家刚刚安静了下来，曲同学起身去捡滚在地上的笔，向下坐的时候没有坐好，差点坐地上，同学们忍不住又笑了。班长以为是曲同学故意捣乱，恼怒大骂："要不要脸……"曲同学觉得班长是骂她，非常生气，要求班长给她道歉。班长一开始不愿意，曲同学就开始大哭大闹……我过去后同时批评她俩，曲同学还是不依不饶，最后班长道歉了，曲同学才作罢，但是表情还是愤愤的……遇到这样得理不饶人的学生，怎么办？

于老师

　　看到于老师这个话题，我就想到自己曾遇到的类似的案例。

　　那天，一大早来到学校，宿管刘老师拉着我说："李老师，你们班的莹莹脾气实在大。她可能是在家里被娇生惯养的缘故，眼睛里容不得一点沙子，你抽空得说说她……”

原来，昨天晚自习下课后，莹莹到对面寝室借学习用具。这个寝室的女生正在和楼下的男生嬉笑，声音很大。辅助宿管老师管理寝室的同学（我们叫他们寝室管理员）去制止，正好看见莹莹从对面寝室出来，便吼道："乱什么乱？吵什么吵？你乱串什么寝室？没见过男人啊……"

这最后一句话实在太难听，一下子把莹莹惹恼了，歇斯底里哭喊说："你骂我什么？你必须向我道歉……从来没有人这样骂过我！我妈都没有这样说过我，你凭什么这样说我？就因为你帮老师管理寝室，就可以这样侮辱同学吗？你必须给我道歉……"对于莹莹和曲同学这样自尊心极强的同学而言，寝室管理员和班长的话，都是他们不能接受的，所以反应激烈。

寝室管理员也是一个新生，惊呆了，却觉得自己没有什么错，她拒绝道歉。莹莹便和上文于老师说的曲同学一样，不依不饶……吵闹声惊动了刘老师。莹莹认为刘老师一开始多少是有点"偏向"寝室管理员的，便越发委屈……

刘老师说："后来，寝室管理员向莹莹道了歉。但是莹莹走出我办公室后，又折回来，非要人家寝室管理员的微信。我就担心她会在网上骂寝室管理员，我害怕她报复人家……你可得好好说说莹莹，人家小姑娘已经向她道过歉了，就不要再生事了……"

听了刘老师的话，我其实对莹莹挺理解的。我曾经不止一次告诉过学生"得理固然要让人，委屈却未必能求全。"太过软弱的孩子，不但容易被同学们欺负，还可能让霸道的同学越发霸道。我们无数次对班干部强调"要礼貌待人"，他们未必听信；但是，仅仅经历这一次"不依不饶"，他们就可能长了记性。这就是"吃一堑，长一智"。

所以，对于受了委屈不依不饶的学生，我分两步走。

第一步，对于学生的委屈，我认真倾听，并表示理解。

我把莹莹叫到办公室，示意她坐到凳子上，她像个小刺猬一般，警惕地看着我，不肯坐；当我从桌兜里拿出来一盒酸奶递给她，她又像个受惊的小兔子，惊讶地瞪着我，摇摇头。我执意将酸奶塞到她手里，她便用一双清澈的眼睛看着我，似乎在问：为什么？

我笑笑："我知道你昨晚受委屈了……"就这么一句话，原本桀骜不驯的莹莹，眼泪夺眶而出。

认真听莹莹把话说完，我拍拍她的手："寝室管理员说的那句话，确实不妥当。这句话搁到谁身上，都会受不了……"

莹莹说："是啊！哪怕她说我调皮捣蛋故意搞破坏，我都不会这么生气。"

我沉吟："希望她以后不要再这样骂别人了。"

莹莹说："其实，我也能够理解她。'新官上任三把火'，她可能想替刘老师分忧，却又没有管理技巧，所以口不择言。"

我说："你真是善解人意。我得给你点赞。我不明白的是，你昨天为什么非要人家的微信号呢？"

莹莹抬眼说："因为这个女孩子长得不错，气质也好，我想让她以后给我当模特，我报了形象设计的社团，我想给她化妆做造型啊！"

那一瞬间，我惊呆了：心胸多么宽广的孩子啊！老师真的是误解她了。

莹莹却说："本来嘛！我觉得她道过歉了，事情就过去了，我和她还可以成为朋友，小说里不是说'不打不相识'吗？但是，我觉得那女孩子不乐意给我微信，她可能对我还有看法吧！她不喜欢我，那就算了，现在我也不喜欢她了……"

我连连点头，说："好的，那就算了……"

第二步，要教会学生正确的处理方法，避免他们以后的"不依不饶"。

学生受委屈后之所以不依不饶，是因为我们大人没有教会他们正确地维护自己尊严的做法。所以，在我表示支持莹莹不理那个寝管员后，又漫不经心地说："我听说，在工作岗位上，如果你能让喜欢你的人服你的气，你就是一个部门经理；如果你能让不喜欢你的人服你的气，你就有了总经理的能力。"

莹莹现在不排斥我，她想了想，说："我怎么可能让不喜欢我的人服气呢？

她根本就不喜欢我啊！我也不会去求着她喜欢。"

我说："你不用委屈自己，也不用求着别人喜欢你。她批评你的时候，你可以义正词严对她说：'某某，当我听到你说我和同学们那句话，我觉得特别难受，从来没有人这样骂过我。这句话对一个花季少女而言，太严重了。所以，我很生气。我希望你以后在管理寝室纪律的时候，不要再说这些侮辱人的话了。这样，我们以后都会服你的气，我相信咱寝室楼的纪律也会越来越好，你还能收获到很多友情……'你这样跟她说，她就会觉得你好有气场，同学们也会觉得你思路清晰……"

莹莹愣愣地听着，笑意从明亮的眼睛里，慢慢弥漫到全脸，感叹道："原来可以这样说啊……"

我说：是的，以后再遇到这样的事情，你根本不用又哭又闹，因为哭闹会让你失去理智，失去理智可能会闯大祸。你也不用辩论是非，那些是是非非的，一句话说不清楚。你就只是谈你的感受，你受委屈就是受委屈了，老师也不愿意让你忍着、憋着，那样忍气吞声对你身体不好，对寝室管理员的管理水平也没有帮助。不如这样很真实地谈你的感受。这个谈感受的句式是：

第一句：当……

第二句：我觉得……

第三句：我希望……

第四句：我相信……

这其实是"一致性沟通"。第一句"当……"的后面，一定要说事实；第二句"我觉得……"要说真实的感受；第三句"我希望……"一定要具体，不要说得太笼统，比如不要说"我希望你是个优秀的班干部，我相信你一定是个优秀的班干部"。什么是优秀的班干部？你所理解的优秀干部和别人不一定一样，这个太笼统了。说不定他还认为自己骂你是为你好呢；最后"我相信……"一定是正向的。我们不可以说："我希望你把整个寝室楼的学生都骂一遍，我相信到时候你一定会生活在水深火热之中"，这就不是正向的，可能会导致新的矛盾了……

莹莹默默重复了几句，笑着说："老师，我学会了，以后我会好好和同学们说话，他们冒犯我，我也不会再像昨天那样了。"

我说："那样，莹莹就有了总经理的胸襟了。"

一周后，负责寝室管理的刘老师见到我，说："你那个学生莹莹，挺好的，现在见了老师特别有礼貌，是个好孩子……"

总结一下，遇到受委屈后，不依不饶要说法的同学，我们可以分两步走：1.倾听受委屈一方的心声，并表示充分理解。2.教给学生正确的沟通方法，必要的时候，一句一句教他们说话。

第四辑

家校合作篇

25 学生受到欺凌，不愿意跟老师和家长说，怎么办?

> 李老师:
>
> 　　现在的孩子真奇怪，在学校受到了欺凌，却总是不愿意跟老师和家长说。他们但凡告诉我们大人一声，又怎么会屡屡被欺负呢?
>
> 郝老师

　　我们首先来看这一则网上新闻:2019 年 9 月 16 日，人高马大的黄某因为经常受到校园霸凌，一气之下将欺负他的霸凌者从四楼扔了下去。根据网上所说，黄某以前曾经对妈妈说自己在学校被人欺负了，黄母说:"你那么大的个子，怎么还会被人欺负? 你不会找老师吗? "

　　明眼的读者朋友已经看出来了，正是妈妈的这句话，让本来内向的黄某在受到欺凌后，更加不愿意向外界求助。

　　设想一下，如果我们是黄某，我们在学校受到了欺负，回家跟家长一说，家长首先不是安慰我们，而是勃然大怒:"肯定是你不对，否则为什么他们不欺负别人只欺负你……你都不会打回去……你怎么那么窝囊……" 如此，你以后再受到欺负，还会跟家长说吗? 肯定就不会再说了，因为说了也没用。

对此，我们应该怎么办？

第一，在第一次开家长会的时候，就要告诉家长，沟通中容易犯的错误有三个：忽略、提建议、评判。

举个例子：你三岁的孩子要去打预防针了，一进医院就开始哭。大多数家长会怎么说？

"不哭不哭，不疼不疼。"

如果您也是这样对孩子说的，那就犯了第一个毛病——忽略。扪心自问，打针到底疼不疼？当然疼。那我们为什么告诉孩子不疼？现在我们忽略了孩子的感受，将来孩子长大也会忽略别人的感受，他们会缺乏同理心。更有甚者，在农村，有些老人生病疼痛时，他们的子女会说：谁还没个头疼脑热？就你喜欢大惊小怪……老人非常伤心，觉得孩子不孝，却没有想到，这其实也是子女小时候曾经被自己忽略，而导致子女没有同理心。

正确的做法是什么？

直接告诉孩子："孩子，咱一会儿要去打针了。这个打针呢？是有点疼的，你可以哭，你想哭几声都可以。妈妈小时候打针也哭。后来就发现，我一哭，更疼了。所以后来就不哭了。现在你也可以试试……"

这样，孩子就会觉得："我疼，妈妈知道。"只要妈妈知道了自己疼，对孩子而言，就是最大的安慰。

这就是"看见即慈悲"。

前文肇事者黄某曾经对母亲说，自己在学校被欺负了，黄母回复："你这么高的个子，怎么会被欺负……"她显然就犯了第一个毛病——忽略。她忽略了孩子的感受，孩子心里便无限委屈。

黄母对孩子接下来的一句话是："……你不会找老师吗？"这一句话，又犯了与孩子沟通中的第二个毛病——提建议。

孩子向我们哭诉，根本就不是为了寻求建议，而是为了寻求安慰和理解。如果我们马上给出建议，会让孩子觉得自己的问题不被重视。

因此，网上说"当时黄某显得很无助，他说告诉老师也没用，只会把事情闹得更糟，之后他再没提起这件事。"

如果换成是你，你在外面受了委屈，回到家告诉家长，家长不但不安慰，还说："你这么高的个子，怎么会被欺负？你不会告诉老师……"下次，你再遇到被人欺负，你还会告诉家长吗？

更有甚者，有的家长会对孩子说："你怎么那么窝囊……"或者说，"一个巴掌拍不响，他怎么就不欺负别人，总是欺负你，肯定是你做得不好。"

这又犯了与孩子沟通中的第三个毛病——评判。

很多受了校园欺凌的孩子，都是在这样的评判中，感觉到自己受欺负是因为自己不够好、不值得爱，是自己窝囊……这种自我攻击的伤害，甚至超过了霸凌者对他们的伤害。

我曾经与郑州某中学的教师一起交流这个观点，有一个女老师说："李老师，您这一说，我觉得与人沟通中这三个毛病我是一个不少，天天都在犯啊！"

我想，岂止是她？恐怕生活里十个学生、老师或家长，有八个都在犯吧！

某天，我回到小区，看见邻居3岁的孩子在抹眼泪："妈妈，我奥特曼面具的一只眼睛掉了。"

多数家长会怎么说？

"掉就掉了呗！有啥好哭的？"——犯了第一个错误：忽略。

"你就不会给它粘上？"又犯了第二个错误——提建议。

孩子哭着说："不行，不行，我粘不好！"——你提出一个建议，他马上有无数个理由告诉你，这行不通。

妈妈继续提建议："那就再给你买一个。"

孩子："不，我就要这一个……"

妈妈勃然大怒："你这个孩子怎么这么不听话？再给你买一个都不行？不讲理了是吧……"这是第三个错误——评判。

而我的邻居是怎么回答的？她说："奥特曼的一只眼睛掉了？掉了更好，

干脆把另一只眼睛也抠掉吧！……"妈妈对孩子忽略得够彻底！孩子得有多伤心啊！

正确的做法是什么？

第二，告诉家长，正确的做法分四步：倾听；重复对方的感受；认同对方的感受；聚焦于问题的解决。

孩子说自己的玩具坏了，妈妈首先要重复孩子的话："哦！你奥特曼面具的一只眼睛掉了啊！"

孩子："嗯！是我不小心弄掉的……"

妈妈继续重复孩子的感受："我看见你很伤心……"

孩子感觉自己的难过已经被妈妈看见，会点点头："是的，妈妈，我很难受。"

妈妈进行自我暴露："我小时候玩具坏了，我也会很难受。那，你觉得我们现在怎么做比较好呢？"

孩子："要不，你再给我买一个吧！"或者："那我们一起把它修好吧……"总之，是让孩子聚焦于解决问题，让孩子自己想出办法，而不是我们大人提意见或建议。

黄某的妈妈听说黄某在学校受委屈后，第一步，可以先认真倾听，不但要听，还要有适度的反应，比如点头、时不时拍拍孩子的肩膀，甚至拥抱一下，让他明白自己的委屈妈妈都知道；第二步，说出孩子的感受："你一定非常难过……""我看见你很委屈……"第三步，认同孩子的感受："如果我是你，被同学这样欺负，我也会很痛苦……"最后聚焦于解决问题："那你看看，这件事我们怎么处理比较好……"

这样，孩子就不会觉得孤立无援。

家长就是孩子的天，当孩子有了安全感，整个气场都会不一样，他会认为，自己是值得爱的。孩子有了信心，可能会想出种种解决问题的办法，说不定，他自己都会提出来去向学校求助。

第三，教会家长充满魔力的一句话。

在《人性的弱点》里，有非常重要的一句话，可以运用到所有地方所有人。这也是充满魔力的一句话。这句话是："我一点也不否认你的观点，如果我是你，我一定会有和你一样的感受……"这句话是最能给人安慰和力量的。

孩子摔了一跤，号啕大哭，我们可以说："孩子，我一点也不否认你的感受，如果我是你，我被摔一跤，也会疼得流泪……"

孩子奥特曼面具的一只眼睛掉了，他在哭，我们也可以说："我一点也不否认你的感受，如果我是你，我心爱的玩具坏了，也会难过到要死……"孩子马上就有找到知音的感觉。

黄母如果对黄某说："我一点也不否认你的感受，如果我是你，这样被人欺负，肯定也会愤懑难过……"黄某马上就会觉得，自己并不孤独，还有家长在和自己一起面对。

当一个人委屈难过时，最好的安慰是，让对方感觉到：我知道你正在难受，我愿意陪着你。因为，人之所以执着于痛苦，就是因为他的痛苦从未被理解。

表达理解之后，要说的一句话可以是："那我们现在想想，怎么解决这个问题比较好。"

26 家有二宝、三宝总是闹矛盾，影响了学生成长，怎么办？

李老师：

　　随着国家三胎政策的放开，年轻的父母开始面临孩子在家里争宠斗气的场景。家长朋友们除了面对繁重的工作、经济压力，还要处理孩子之间的矛盾。下面是家长群提供的案例：

　　案例1：家有两儿子，哥哥十岁，弟弟六岁，他们总是为了各种鸡毛蒜皮的事争夺打闹，经常打架，谁也不肯让谁，我教育他们要互相爱护谦让，但是都没有用。哥哥经常引诱弟弟，在他面前炫耀自己的文具或者零食或者玩具，但就是不给弟弟分享，没一会就又争抢打起来了……怎么教育他们，让他们懂得互爱、谦让、分享？

　　案例2：家有两娃，大女儿小时候跟着爷爷奶奶生活，四岁才带到身边，陪伴较少，特别是沟通方面，她不会，我也不知道该如何引导，很多时候她有事情不告诉我。另外，与弟弟相处，她在家总是呈现出欺凌态度，在外别人动她弟弟，她就以霸权主义捍卫弟弟，此种情况，怎么与孩子沟通？

　　对于家长这样的困惑，我若不好好指导，还会影响自己班学生的成长；若要引导，又不知道从何谈起，我该怎么办？

陈老师

我非常赞成像陈老师这样在家长微信群里和家长们探讨家庭教育的问题。现在家长朋友们手不离手机，因此，借用手机和家长沟通，非常方便。

细看以上家长的两个案例，这种状况的问题根源在哪里？我们可以和家长一起，首先思考为什么，然后再聊怎么办。

一、为什么——问题根源：缺乏安全感和价值感

这一部分内容，需要我们在微信群给家长开讲座讲述。

根据《自卑与超越》的作者阿德勒所说，孩子的每一个行为，都是在寻求安全感或价值感。或者说，孩子的每一个问题行为，都是因为缺乏安全感和价值感。

一个人最根本的安全感，是 0-3 岁时妈妈给的。所以，一个孩子三岁之前，离开自己的妈妈不要超过两个星期。超过两个星期，孩子就可能会出现分离创伤，导致他终身缺乏安全感。有的家长说：孩子的爷爷、奶奶教育孩子可有经验了，孩子让他们带没问题……事实上，爷爷奶奶再好，也比不上妈妈给孩子的安全感，尤其是妈妈的心跳可以给刚出生的孩子带来安全感。比如，一个婴儿不睁眼，不认人，但是妈妈抱他就不哭，别人抱他会哭。为什么？因为这个孩子在妈妈肚子里，就熟悉了妈妈的心跳。

为了获得安全感，我们会做一件事——努力让人喜欢我。

前文案例 2 家里的女儿四岁前没有在父母身边，如今与弟弟在家里相处，总是呈现出欺凌态度，是否和缺乏安全感有直接关系？

接下来我们谈谈价值感。

"价值感"是指个体看重自己，觉得自己的才能和人格受到社会重视，在团体中享有一定地位和声誉，并有良好的社会评价时所产生的积极情感体验。有此情感体验者通常表现为自信、自尊和自强。反之，则易产生自卑感，自暴自弃。

用最通俗的话讲，价值感主要来自周围亲人、朋友对我们的称赞、鼓励和嘉许。价值感是对未知世界的挑战：我不知道自己能否战胜这个困难，最后经过努力，我战胜了，我觉得自己很厉害，于是价值感油然而生。价值感是孩子小时候在不断的试错中获得的。

我们为了获得价值感也会做一件事情——证明自己足够好！

比如孩子刚刚学会走路，他希望拿到一个玩具。他有很多种方法达到自己的目标，最简单的方法有两种：1. 让大人把玩具给他。2. 他自己跌跌撞撞、连滚带爬地拿到玩具。当大人把玩具给他后，他会觉得：哇！大人真棒；当他自己拿到后，他会觉得：哇！我真棒——这时候孩子就获得了价值感。

过分的溺爱会导致孩子自卑，原因就在此。

如果说，安全感是孩子认为这个世界是好的，那么，价值感就是孩子觉得"我是好的"。

孩子上小学后，他们的价值感显然来自成绩。否则，他们就会沉迷网络，在虚拟世界里寻求价值感。

前文案例1家里的两个孩子为鸡毛蒜皮的事争夺打闹，哥哥经常在弟弟面前炫耀文具等，是不是在寻求价值感？是不是借此证明自己比弟弟强？他为什么会有这样的念头？是否因为弟弟的出生让哥哥感觉到了被冷落？每当兄弟俩发生矛盾时，家长是什么态度？我们批评的语气是怎样的？你先批评了谁？后批评了谁？哥哥和弟弟有矛盾后，父母批评弟弟多一点，还是批评哥哥多一点……这些问题都很重要。案例没有提供更详细的材料，其实我们是回答不出来的，就算探讨，也难以谈到"点子"上。

二、怎么办——解决方案：避免"大让小"或过分"公平"

这一部分内容，可以在第二次的网上家长会上探讨。

在探讨如何让孩子"兄友弟恭"之前，我们来看一个网上广为流传的视频：

视频一开始，一个六岁的女孩子在啪啪啪地打一个一岁多的小男孩，乍一看这小姑娘太凶了。

小姑娘打了弟弟六七下后，小男孩"哇——"一声大哭，一边哭还一边倒向姐姐的怀抱。

姐姐严厉地问："姐姐打你，你疼不疼？"

弟弟抽泣着回答："疼——"

姐姐："那你打姐姐，姐姐疼吗？"

弟弟回答："疼！"

姐姐声音更大了："是不是都疼？"

弟弟已经不哭了，却大声回答："嗯！"

姐姐抬手又轻轻打了弟弟一下："都疼，那你还打姐姐？"接着姐姐放缓语速，一本正经地对弟弟说："你打别人，别人也会打你；你打姐姐，姐姐也会打你；你掐别人，别人更加不会原谅你。你对别人怎样，别人就会对你怎样……"这时候，妈妈在一旁给姐姐竖起大拇指，一边对弟弟说："快过去亲亲姐姐，你去亲亲姐姐……"姐姐继续谆谆教导："你亲姐姐，姐姐也会亲你；你打妈妈，妈妈也会打你。刚才，你打了我25下我都没哭，我打你7下你就哭了……"

朋友们看到这里，有什么感想？最让你感动的，是哪一个场景？

最让我感动的，是视频里的妈妈。她在亲眼见姐姐教育弟弟的时候，没有批评姐姐打弟弟，而是给姐姐竖起了一个大拇指。这一举动让姐姐感受到：只要自己做得对，爸爸妈妈永远爱自己。这就给了姐姐安全感和价值感，让姐姐认识到，弟弟的出生，并没有影响父母对自己的爱。同时，弟弟也不会对姐姐有任何不满。所以弟弟才会一边哭，一边扑向姐姐的怀抱。由此见姐弟俩的感情其实很好，姐姐是真心疼弟弟，弟弟也是真心信任姐姐。

这样的姐弟关系，才是世界上最让人羡慕，并值得赞扬的。

然而，扪心自问，现实里姐姐这样打弟弟，多数父母会怎么说？

大多数父母会要求姐姐谦让弟弟："他那么小，就算他打你了，你也不能这样还手啊！""你是姐姐，你就不能让着弟弟？"或者，"他那么小，他打你几下能有多疼？"甚至会说，"他怎么就不打我，他怎么总是去打你……"或者妈妈抱着弟弟走到姐姐面前，说："打她！再打她……"姐姐会觉得委屈、不公平，会感觉父母爱弟弟更多一点，会觉得自己被忽略，觉得弟弟的出生分走了父母的爱，姐姐因此而缺乏安全感，也找不到当姐姐的价值感。弟弟看到爸爸妈妈为自己撑腰，会变本加厉欺负姐姐。偏偏弟弟年龄小，他想欺负姐姐，却又欺负不了。姐姐为了寻求安全感，她可能把自己弄成一个"小刺猬"，一言不合就大打出手；她为了寻求价值感，可能故意拿出弟弟没有的东西刺激弟弟，以证明自己比弟弟强……久而久之，姐姐会变得敏感、易怒、自私，而弟弟则会变得娇气、自卑、不讲理……

这样的姐弟关系，是我们不愿意看见的。

整体而言，一个家庭一定要平等而有秩序。阿德勒、萨提亚等心理学家，都对孩子出生顺序有研究。在《妈妈觉醒，孩子幸福》一书里，作者陈航武老师认为：谁先来到这个家庭里，谁的地位就高（并非一般意义的地位高，而只是兄友弟恭的长幼顺序）。爷爷奶奶先来到这个家庭，爷爷奶奶地位最高；爸爸妈妈接着来到这个世界，爸爸妈妈地位其次；然后，姐姐哥哥来到这个家庭，姐姐哥哥的地位就比弟弟妹妹高。

在一个家庭里，怎样体现哥哥姐姐的地位比弟弟妹妹高呢？

比如，妈妈爸爸下班后，一走进家门，二宝往往会激动地扑上来。这时候，爸爸妈妈先不要和二宝玩，而是拉着二宝的手说："来，我们看看姐姐（或哥哥）在做什么……"先去和大宝聊几句，再和二宝玩。这样，大宝就会觉得，爸爸妈妈依然很爱自己。同时，可以让大宝参与到对二宝的付出中来。因为，根据《爱的艺术》作者弗洛姆所说，我们爱一个人程度的深浅，不是在这个人身上得到的越多，爱得才越深，而是你为这个人付出得越多，爱得才越深。

朋友们不妨思索一下，为什么父母对子女的爱，往往比子女对父母的爱要深刻？因为父母付出得多。为什么一个班级在毕业的时候，班长对这个班级的感情最深？因为班长付出得多。为什么我们说金窝银窝不如自己的土窝？因为皇家公园再美丽，我们没有付出，便只有羡慕，没有爱。这个在心理学里叫"栽花效应"。也就是说，我们对自己养的花，格外有感情。其实，我们爱的不是这朵花，而是我们为这朵花的付出。

让大宝得到足够的重视，有了安全感之后，再让他参与到二宝的成长中，他会更加爱二宝。

以前的家庭孩子多，父母没有时间教育孩子，都是兄弟姐妹相互教育的。对于孝敬长辈、努力学习、遵守纪律等概念，也许大宝做不到。但是他们在教育弟弟妹妹的时候，会说得头头是道。而且，当他们重复的次数多了，就会认可这一观点，否则他会很分裂。这也是他们自我成长的重要一环。

在家有二宝、三宝的家庭里，过分的平等也是不合适的。比如有的父母非常公平，给姐姐买什么玩具，一定要给妹妹也买一个同样的玩具；给姐姐买一本书，必须也给妹妹买一本书……这其实对妹妹是不公平的。因为妹妹年龄不到，妹妹不适合玩这个玩具或读这本书。过分的公平，会让妹妹觉得自己是姐姐的影子，永远活在姐姐的身后。姐姐倒是有了安全感和价值感，但妹妹会变得胆小、懦弱，这对妹妹的成长是不利的。

在案例2中大宝四岁之前没有在父母身边，已经导致她缺乏安全感了，怎么来弥补？

父母只能在今后的日子里，给大宝一个"抱持性环境"。

所谓的"抱持性环境"，就是在孩子的成长过程中，父母会给孩子一种感觉：无论你好还是坏，我都稳稳当当地相信着你。你有了进步和成绩，我和你一起开心；你有了失败和挫折，我和你一起面对。即使在你最惨的时候，我也愿意承接和帮助你。这是每个未成熟的孩子都需要的一个很好的环境，是给予孩子安全感的最佳方式。

27 新转来的学生动辄离家出走，怎么办？

李老师：

　　上学期我们班里转来一个女生，14 岁，小时候留守在老家跟爷爷奶奶生活，后来爸妈发现她在老家跟几个调皮的女生玩，才把她带到爸妈经商的洛阳上学。今年春节回老家后，父母发现那几个女生还来找她玩。她妈妈对此很生气，打过她两次。然后，爸妈在计划回洛阳复工的前一天晚上，小姑娘给家里留了一封信，偷偷跑出去了。信中说她没事，就是不想跟爸妈去洛阳。"你们不用找我……如果你们非要让我去洛阳，我也是不会去的。就像你公司老板，你们不想做这件事，你们老板非得逼你们做这件事，你们啥感受……你们都感觉那学校好，但是我感觉不好……"其实这个孩子转来后已经离家出走过一次了，这是第二次。可以看出来，妈妈是个很强势的人，但现在着急得不得了，向我求助，他们委屈地问我："问题究竟出在了哪里？难道爸妈让她到洛阳上学是害她吗？"作为班主任，我可以做些什么呢？

水老师

在回答这个问题之前，我首先要简单叙述一下航武校长在"爱的唤醒"课中的部分内容，这其实也是发展心理学的内容。

发展心理学认为，孩子在不同的年龄阶段，应该有不同的教育。

第一阶段："爱的植入"。主要指孩子0-7岁的时期，父母的角色是养育者、照顾者，应该做到随时陪伴、时刻关注。妈妈给孩子安全感，爸爸在陪伴孩子试错的过程中，给孩子价值感。

看水老师提供的案例可以知道，这个女生从小留守在老家跟爷爷奶奶生活。也就是说，孩子在需要父母陪伴的时候，父母没有做到好好地陪伴，她缺乏来自家庭的安全感和价值感。

第二阶段："爱的萌芽"。主要指孩子7-14岁的时期，父母的角色是支持者和教练。父母在这个时期引导孩子找到周围更好的人文资源给孩子支持。孩子在这个时期视野开阔，世界变大，会发展出来自己的情绪支援网。他们家庭内的情绪支援网有父母、家人，家庭外的情绪支援网有老师、同学、偶像、长辈。如果一个人的情绪支援网发达，他遇到事情就不容易走极端。

再看水老师班这个孩子，14岁才来到父母身边，也就是说，在父母应该引导孩子找到周围更好的人文资源给孩子支持的时候，他们没有引导。孩子在这个时期自己找到了一些朋友，主要是几个调皮的女生。所以，这些调皮的女生，在她的生活里，是有情绪支援作用的。否则，她的日子会更孤独苦闷。

第三阶段："爱的实践"。主要指孩子14-21岁时期，父母的角色是顾问、伙伴。因为在这个年龄，家长说什么，孩子可能会逆反。孩子要通过叛逆而成长为他自己。在这个时期，孩子最应该做的，是和异性父母进行爱的分离，和同性父母形成爱的链接。也就是说，母子和父女都不要过于亲密。同时，母女可以像姐妹一样谈心，父子可以像兄弟一样，做一些对抗性的运动，比如打篮球、踢足球等。

水老师班这个女生如今已经14岁，到了爱的实践期，父母的角色是顾问，说得多了孩子会叛逆。然而，这个时期，家长开始严厉管束。

第四阶段：爱的分离。是在孩子21岁以后，父母要和孩子保持距离，不干涉他们的生活和工作。

如今分析孩子离家出走的原因，有以下三点：

1. 家长在孩子不同时期承担的角色混乱。

父母在该陪伴孩子的时候，没有陪伴；在该引导的时候，也没有引导；在该放手的时候，却又把孩子带在身边，不愿意放手了。母女在这个时期可以像姐妹，但是，她们母女相处哪里有闺蜜的影子呢？

2. 孩子对自己的生活没有掌控感。

每个人都需要有秘密的空间，最重要的是，每个人都需要这样一种感觉：在我的心灵空间和地理空间（例如我的房子或地盘），我说了算。

这个离家出走的小女孩，从小在老家长大，她的朋友也在老家。她一旦到了父母身边，被强势的妈妈控制着不能这样，不能那样，没有了心理空间的掌控感和熟悉感，她怎么可能生活得舒服、自在？

我选择。我自由。我存在。这就是存在主义哲学最基本的逻辑。

3. 父母的强势教育方法欠妥。

有个人十分宠爱自己的小狗。为了小狗的健康，他每天都掰开狗嘴强喂它鱼肝油，每次小狗都要反抗一番，狗主人也累得气喘吁吁，骂小狗不知道好歹。有一天，小狗在挣扎中，碰洒了鱼肝油。主人正要发怒，却看见小狗津津有味舔吃着地上的鱼肝油。

小狗反抗的根本不是鱼肝油，而是主人喂它的方式。

小女孩要反对的不是去洛阳上学，而是失去自我掌控感和熟悉感。

我给这个老师的建议是：

1. 将孩子在不同年龄，父母应该承担不同角色的理论，告诉家长。

现在的班主任往往承担着引导家长的重任，想要孩子回来上学，家长必须做出改变。

2. 让孩子有一个独立的空间。

如果条件允许，让孩子有一个自己的房间，家长如果进去，必须敲门；如果家里地方太小，条件不允许，那最少要给孩子一个带锁的书桌，让孩子有自己的秘密。

3. 给孩子一个抱持的环境。

所谓抱持性环境就是：在孩子成长中，无论你好还是坏，我都稳稳当当地相信着你。你有了进步，我鼓励你；你遭遇了失败，我也愿意承接和帮助你。

4. 教学生歌唱《泥娃娃》，通过歌曲让学生为自己疗愈。

有一次我谈到家长在孩子成长中的失误，我非常要好的一个高中同学说："都是你们这些所谓懂教育的教师，总是说家长有问题，搞得孩子有恃无恐、变本加厉出幺蛾子。我们小时候，也不曾这么叛逆过……"

一席话把我怼得哑口无言。

是啊！我们小时候也没有理想的家长，现在的班主任却让自己的学生家长做一个理想的家长，这不公平……然而，时代变了，以前的父母对我们的那一套教育方法，用到现在的孩子身上根本就不灵。何况，以前家长忙，顾不上管孩子，确实也给了我们很大的私密空间。与现在的孩子相比，我们当时是有一定的掌控感和熟悉感的。

不过，话又说回来，在这个世界上，根本就不存在让孩子十分满意的父母。不如，通过学习，将自己培养成自己理想的父母？只有自己成了理想的父母，才能给孩子一个理想的家长。

所以，我们可以在班会上，将《泥娃娃》这首儿歌教给同学们。

《泥娃娃》是由姚敏创作，于飞首唱的一首幼儿歌曲，也曾被著名歌手邓丽君演唱。我第一次聆听，是在二十多年前，当时一下子愣了，想哭。我只觉得自己的心被柔柔地触碰了一下，钝钝地疼……后来每次听，我都忍不住要流泪。

它的歌词是：

泥娃娃，泥娃娃

一个泥娃娃，

也有那眉毛，

也有那眼睛，

眼睛不会眨。

泥娃娃，泥娃娃

一个泥娃娃，

也有那鼻子，

也有那嘴巴，

嘴巴不说话。

他是个假娃娃，

不是个真娃娃，

他没有亲爱的妈妈，

也没有爸爸。

泥娃娃，泥娃娃，

一个泥娃娃，

我做他妈妈，

也做他爸爸，

永远爱着他。

　　我第一次听，是奶声奶气的童声。我只是觉得这个孩子好有爱，这个泥娃娃的命真好，有人愿意做它的爸爸妈妈心疼它……

　　如今，我通过不断地学习，才知道，这个泥娃娃其实就是你、我、他，尤其是我们的学生……

水老师班这个动辄离家出走的女孩子就像一个泥娃娃："也有那鼻子，也有那嘴巴，嘴巴不说话"——童年最需要父母照料的时候，她被留在了故乡——谁曾听过她的心声？现在又不顾她的感受干涉她的友谊——有谁尊重过她的选择？

其实，再好的妈妈，也会有忽略孩子的时候。随着时间的推移，也许我们做子女的理解了自己的妈妈。但是，我们内在的小孩依然委屈，他在哀伤，他有苦说不出，有泪不能流，就像这个泥娃娃。

这时候，我们怎么办？

那就让我们做自己理想的爸爸妈妈吧！闭上眼睛，放松全身，想象在你的旁边有一个小孩子。请你看看他是什么姿势、什么表情？坐着还是趴着？在哭还是在笑？干净还是脏兮兮？无论如何，去拥抱他，告诉他："谢谢你一直陪伴着我，用你自己认为正确的方式保护我。现在我长大了，让我做你爸爸、也做你妈妈永远爱着你……"

唱着这样的歌曲，想象着这样的情景，学生会觉得，自己被同情，被理解了……

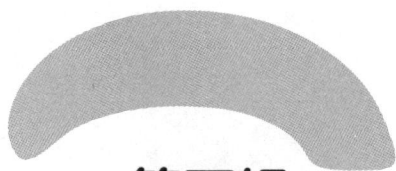

第五辑

智慧引领篇

28 学生找不到活着的意义，怎么办？

李老师：

　　现在人们的生活水平高了，学生不仅衣食无忧，还可以在闲暇时有很多娱乐，比如可以玩手机、看电视等，然而，他们似乎还没有我们小时候快乐，有一部分同学常常目光呆滞，死气沉沉，张口闭口"空虚""无聊"，感觉找不到活着的意义，怎么办？

邵老师

　　其实，不仅仅学生常常感觉找不到活着的意义，现在很多成年人明明有家、有孩子、有工作，却也常常觉得找不到活着的意义。根据心理学家"意义疗法"的创始人维克多·弗兰克尔在《活出生命的意义》一书中所说，可能获得生命的意义的三条途径是：工作（做有意义的事情）、爱（关爱他人）、拥有克服困难的勇气。有了第三条途径的存在，也就不难理解，为什么在饥饿年代人们反而不觉得空虚、无聊。因为那时人们拥有克服困难的勇气——要活下去，活下去本身就成了意义。所以，弗兰克尔说："苦难本身毫无意义，但我们可以通过自身对苦难的反应赋予其意义。"

如今，学生找不到活着的意义，我们也可以通过弗兰克尔所说的三条途径，引导学生自己去寻找。

比如，那天去二班讲课，按照惯例，我们第一个环节是一起做《感恩的心》手语操，目的之一当然是让学生在做统一动作的同时，将心收拢到课堂中来——我称之为"调频"。

有一个男生呆呆地站着不动。我悄悄问："你怎么不做？"他满面落寞忧愁，眼睛抬也不抬地回答："没意义。"

我不强求。一曲结束，却小声问男生："你怎么觉得没有意义？"

"就是没意义。"他依然头也不抬。

我转向同学们，问："为什么我们每次上课都要做《感恩的心》手语操？"

学生纷纷回答："因为我们要提醒自己，培养自己的感恩心。"

我继续问："为什么要提醒自己培养感恩的心？"

"因为感恩心是好运气的核心。"

我继续打破砂锅问到底："为什么感恩心是好运气的核心？"

一个女生站起来说："因为，如果你帮助了我，我很感谢你，你就会很开心，你会有成就感，下次你还帮助我，别人也会帮助我，我的运气就越来越好……"

另一个女生补充说："如果我帮助了你，你很感谢我，我就会有成就感。我不仅仅下次还要帮助你，我还会去帮助别人，别人也会帮助我。这样，我们的社会就会越来越温暖，人与人之间的关系也会越来越和谐。"（其实这是我以前告诉他们的，这也是获得生命的意义的途径之一：爱他人、助别人。不过这只是停留在语言层面，这个男生并不接纳。）

我问："那么，你们觉得我们做《感恩的心》手语操有意义吗？"

同学们纷纷点头："有意义。除了上面说的，还可以赶走瞌睡，让我们把心收拢到课堂上。"

我将眼光转移到那个男生身上，说："一个教室里多数人认为做这个手语操有意义，这就是做这个手语操的意义。"

男生却依然无精打采，说："我还是觉得没意义……"

我点头："通过这次做操、讨论，我知道了你认为做这个手语操没意义，我意识到你近期心情低落，对我而言，这也是意义。"

男生抬头，很认真地回答："……但我还是觉得没意义……"

男生依然在发呆。我没有打扰他，我知道这个学生是懒得再和我争辩。他的意思是：你们所做、所说，只是对你们有意义；这些对我，没有意义。

很多时候，我们苦口婆心和学生讲一些道理，学生也频频点头，他们其实并不是真的信服了我们的话，而是承认了我们的好心。他们用点头称是来安慰我们，同时也阻止我们继续啰唆下去。

或者说，他们在青春期，正处于试错的年龄。即使他们内心深处认为我们的建议是对的，他们也想去尝试其他答案，以证明自己长大了，可以为自己做主。这时候，教师最明智的做法，是尊重他们的选择，哪怕他的选择是发呆、不听课，也要让他们感觉到，他们是自己的——这是弗兰克尔在《活出生命的意义》里特别强调的：只要有选择的自由，就不会觉得生命完全没有意义。即使在集中营暗无天日、食不果腹、朝不保夕的日子里，作者没办法为每日做什么、吃什么、穿什么、甚至能否活到第二天……做选择，最少他还有一个选择的自由：他有选择"如何面对这些事情的态度"的自由。因此，他活了下来。

有的朋友看到这里可能会说：如果学生选择不听我们的建议，岂不是说，我们教师说的一些话，都是无用功？

非也！

首先，我们让学生感觉到了被老师尊重；其次，我们让学生明白自己可以选择不听老师的建议，可以为自己的生命负责。很多成绩优秀的学生不快乐，甚至有轻生念头，就是感觉自己不能选择自己的生活，自己似乎是在为父母而活。当他说："我给你考了一个100分……"或"我就是不给你好好写作业……"其实他没有觉得努力学习、写作业是在为自己而活；第三，教育是超前的，学生以后用到的知识理论，现在就要学习。我们（包括父母）告诉学生的话，就如同一粒粒种子。有的种子种下去当时就生根发芽了，有的却要等到春天甚至十年后。只要这颗种子是健康饱满的，一旦时机成熟就会发芽。所以很多人在参加工作十年后、二十年后，回想起来，会感慨：当时老师的话真的是字字珠玑啊！真是真理啊！

再回到前文这个男生身上。以上老师所做的一切，对多数同学及老师自己，是有意义的。但是他找不到其中的意义——虽然我给了他选择的自由，根据弗兰克尔所说，只要有选择的自由，就不能说他完全找不到任何意义。

这是一个身材匀称、皮肤黝黑的男生，头上挽着一根布条，帅帅酷酷的样子——他可能喜欢追求与众不同的个性吧！当他说："老师，你说得对……"的时候，脸上没有一丝笑。而我，觉得自己的角色，就是带学生到一桌子菜肴前，告诉他们：这道菜很美味，那道菜营养价值最高……我可以劝他们多吃某种菜，却不能强迫他们必须吃什么菜。

后来，我鼓励这个学生参加了学校舞蹈队，他每天利用休息时间练功，克服困难，获得成长，不久后穿一身古代武士的黑色衣服在舞台上舞剑，英姿飒爽；再后来，他代表学校参加竞赛，成绩斐然。他脸上落寞的神色渐渐褪去，笑容也爽朗起来。

这是弗兰克尔所说的获得人生意义的途径之一——去工作（做有意义的事情）。他练功时克服困难，也是让他获得生命意义的途径。

2021 年 7 月 20 日，郑州发生特大水灾后，这个男生积极投身到了救灾队伍中。他说，自己和一群志愿者坐着皮筏子，到卫辉的小山村送食物、帮助灾民搬家，每天吃方便面，喝矿泉水，睡眠时间也很少……

当我暑假后见到他，赞叹他成熟了很多时，他笑着回答："感觉这段日子很充实……"我说，你知道吗？获得生命意义的第二个途径，你已经找到了——去爱（主要指关爱他人）。

做《感恩的心》手语操的时候，他没有获得的体验，在他做志愿者的时候，体验到了。

他有点羞涩地低头说："可能吧！在帮助灾民的时候，我挺开心的……虽然有的灾民不可理喻，水都淹没他们的楼房了，他们还坚决不走，还对我们恶言恶语……"我相信在那一刻，他感受到了自己生命的力量，并升起了"悲悯"之心。他不介意灾民是否感谢自己，他也许没有听说过弗洛伊德说"去爱，去工作……"但是，他做到了。

这种引导学生寻找生命意义的过程是漫长的，我甚至不敢奢望每个人在学校都能有进步，毕竟，在课堂上、书本上所获得的知识，远不如他们走向社会做一件事获得的体验深刻。然而，哪怕我们教了一百个学生，只有十个学生将来受益，我们的努力就是有意义的。教育是农业不是工业，不是吗？教育是慢的艺术，不是吗？这就是老子所说的"知其雄，守其雌，为天下谿。为天下谿，常德不离，复归于婴儿。知其白，守其黑，为天下式，为天下式，常德不忒，复归于无极"。

深知什么是雄强，却安守雌柔的地位，甘愿做天下的溪涧。甘愿做天下的溪涧，永恒的德性就不会离失，回复到婴儿般单纯的状态。深知什么是明亮，却安守暗昧，甘愿成为天下的范式。甘愿做天下的范式，永恒的德行就不会出差错，回复到不可穷极的真理。

我们深知活着的意义，却不肯强迫学生接纳自己的观点，而只是耐心等待……

弗兰克尔在他的自传《活出生命的意义》中，提出获得生命的意义的三个途径是：工作（做有意义的事）、爱（关爱他人）以及拥有克服困难的勇气，完全可以运用到我们的教学生活中，让我们和学生一起获得生命的意义。

29 学生假期里消极懒散 "葛优躺"，怎么办？

李老师：

　　每到假期，学生就开始消极懒散。这不，放寒假第一天，就有学生在班级群里打快板说："早上睡到自然醒，脸不洗，牙不刷，一天到晚被窝趴。床上躺累躺沙发，沙发不爽地上爬。渴了叫我爸，饿了喊我妈……我的寒假我当家，我想咋耍就咋耍……"同学们听着快板在群里笑，还让我看……每到假期，少数能体验到学习、成长愉悦的孩子尚好，多数不爱学习的学生就像快板里所说，脸不洗、牙不刷，一天到晚被窝趴……我们该怎么引导呢？

付老师

　　在假期里，有多少学生消极懒散"葛优躺"呢？我们可以从健康、学习、生活这三方面入手，引导学生过一个有意义的假期。主要做法有：

　　1. 组织晒餐。

　　我和学生约好，假期的每天早上7点—8点，我们在班级群里晒餐。因为我有健康管理师资格证，放假前我就告诉学生如何健康饮食，如何荤素搭配，达到既满足口腹之欲、又能营养健康，且不容易长胖。同学们对这个话题非常感兴趣。我要求学生每次晒餐都要拍照，并自己写出来自己的早餐是否符合"三分法"——每顿都要有优质蛋白、适量碳水化合物和维生素三样。

同学们晒餐后，我还会点评是否及格。比如早餐吃一个鸡蛋、一杯牛奶（这属于优质蛋白）；一个豆沙包，或一个玉米、一个红薯等（属于碳水化合物）；还要有适量的蔬菜，比如西蓝花、菠菜、西葫芦之类（维生素），这餐饭就算营养均衡了，可以达到 90 分以上；如果只吃豆浆、油条，则因为缺少蔬菜，且油条属于高热量食物，就是不及格的；而一碗鸡蛋面里，有鸡蛋、有蔬菜、有面条，则也是合格的……

大家积极性非常高。为了晒餐，同学们不但买了心形、方形、五角星形等漂亮的餐盘，还试着摆盘；为了色彩搭配，他们会亲自去菜市场买菜。这样不仅仅让学生注意了饮食营养，还避免了他们假期睡懒觉，同时让大家的生活也精致了很多。

特别提醒：春节期间的晒餐活动可能难以坚持。但是春节外的假期，完全是可以做到的。

2. 运动打卡。

放假前，体育委员就说要监督大家运动打卡。我们每天在微信群里晒出来自己行走的步数。其实有的同学不太积极，但是总有学生喜欢运动，只要这些爱运动的同学晒出来运动情况，对其他同学就是一个很好的提醒。

3. 动员组织晚会。

我每次带班，放暑假、寒假前，都会谈到以前教过的学生王红瑞和马豪林，以及我家春节的活动。

红瑞是我 1997 年第一次当班主任时的班长，在班里威信极高。她在我们学校学习了一年后，利用暑假，把自己村子里四五岁的小孩都召集在一起，带他们唱歌、跳舞、绘画、讲故事，孩子们也不用交学费，她就这样带着大家玩，一边把自己学过的才艺又复习了一遍。在暑假即将结束的时候，她组织小朋友们办了一场晚会，邀请小朋友的家长都来观看。这样，村里的人都知道了她会教小朋友唱歌、跳舞、绘画、讲故事，而且水平也不低。纷纷劝她毕业后自主创办幼儿园。

红瑞心里有了主意，回到学校学习更加努力，以后的假期，她都带自己村甚至邻村的小朋友组织活动。毕业后，她也不用怎样宣传，就有家长把孩子送来……就这样越做越大。五年前我见到她的时候，她已经在中牟办了三个幼儿园。

我2003年当班主任的时候，有一个学生马豪林，家是巩义的，她是我班的学习委员，做事认真负责。当时我们班要布置教室，基本都是她一个人默默做的。她在学校的时候，舞蹈柔韧性不够。但是，她非常刻苦，别人练一个小时，她能练三个小时。她也是利用假期，在家乡带小朋友跳舞、唱歌。现在，她在巩义办了太阳岛艺术中心，我看她的朋友圈，她办的有少儿班，经常带小朋友们去比赛，参加各种演出；同时还办了成人的瑜伽班；当地的合唱比赛她是指挥，晚会演出她是主持人，气质高雅、谈吐不俗。

我教过的这样优秀的学生很多，分析总结一下，不难发现她们的相似之处：一是她们在上学期间就很刻苦，珍惜时间，与人为善，从不斤斤计较。二是她们都曾经在假期里，义务组织小朋友唱歌、跳舞，办过最少一台晚会。

办一台晚会，不但可以温习学生在学校学习的才艺，还可以在协调能力、组织能力、沟通能力等方面得到锻炼，可以让自己更加自信，比天天玩手机、看电视、睡懒觉……好多了。

我出生在一个音乐世家。我有三个哥哥，一个姐姐。大哥是国家一级演员，同时会拉板胡；二哥是小提琴老师；三哥是作曲家，会拉大提琴、弹钢琴；姐姐是二胡教师。在我小时候，每年春节，一般是大年初一晚上，我们家都会办一台联欢晚会，自娱自乐。我那时候年龄最小，是主唱。有一年我唱歌剧《小二黑结婚》里小芹的唱段《清凌凌的水来蓝莹莹的天》，引得邻居也来看，获得阵阵掌声。后来，这个唱段成了我考大学时的演唱曲目。再后来，我们兄妹都有了下一代，春节的时候，就把晚会舞台交给了下一代。有时候，大哥还会给他们发奖金；现在，我侄儿的孩子已经上幼儿园了，侄女的孩子今年也出生了，不久的将来，这个舞台又要传到孙子辈了。这是我家的传统，是不是比打麻将、玩手机要有意思得多？

学生在假期里除了看电视就是玩手机、打游戏，那是因为他们不知道有一种假期可以如此精彩纷呈有意义，那么，我们就通过写信、开班会，告诉他们：我的精彩，供你参考！足矣！

4. 书信引领。

除了放假前在教室里面对面引导学生认真写作业，还可以用写信的方法，达到引领学生养成好的学习习惯。当然，我们的信件切记空洞乏味的说教，不妨温馨、浪漫一些。

比如，我曾经在假期里给学生写过一封主题为"学习要有仪式感"的信，我说：

我今天送给你们三个关键词：仪式感、慎独和内省，这是修炼自己最好的方法。

首先说仪式感。

学习需要仪式感。但是什么是仪式感？我先让大家看一组照片，这是苏州的沈丽新老师在自家阳台上看书学习的情景。她每天读书前，都会摆一盆花，泡一杯茶或咖啡，穿上美丽的连衣裙。她每天面对的花、茶、茶具都是经过精心挑选的，让人深深体会到她生活的精致、内心的丰盈、学习的幸福、自身的美好……

这就是学习的仪式感。

我像你们这么大的时候，看过一篇关于女作家写作状态的文章。女作家的名字我已经忘记，却记得文章中说，她每天写作前，都要洗手、抹口红、化淡妆，这是对学习的尊重。只有在这样的状态下，她的写作效率才最高，写出的文字才最美。

这也是学习的仪式感。

女孩子一生都不可以失去对美的追求，不是吗？

男生依然。

关于学习的状态，有教育家和心理学家建议，在书桌下放块地毯，使双脚一踏上去，就给自己一个暗示："要学习了！"有利于调动全身上下学习的细胞和欲望……

多年前，有朋友听说我的书桌在卧室里，就建议我把卧室和书房分开，一定要在书房里学习，其目的就是为了给自己一个暗示：让学习静心，让睡觉安心。如今，我每天在书房里写作，精力果然充沛。如果同学们没有单独的书房，最少要坐在书桌前学习，而不是躺在床上或歪在沙发上。

其次，我要谈的是慎独。

慎独是指在没有外界监督的情况下，依然能自觉遵守良好的学习、行为习惯。"慎"是小心谨慎，随时戒备；"独"是独处，独自行事。

和大家第一次见面，我就说自己的座右铭是：芝兰生于深林，不以无人而不芳；君子修道立德，不以穷困而变节。也就是说，我是一朵兰花，我生长在大森林里，不会因为没有人看我，我就不美丽，我就不芬芳。就算是没有一个人欣赏我，没有一个人赞美我，我也要开花给自己看；我若要修身养性，也不会因为太穷了，就做违背道德的事情。

这就是慎独。

学习时的体态也一样有要求。因为写文章、备课，其实我比多数老师在电脑前坐的时间都长，但是我的颈椎和腰椎还不错，主要原因就是，我打字的时候，读书的时候，坐得很直。无论身边有没有人，我都是抬头挺胸收腹。

中国古代的凳子靠背都是直直的，也是要我们保持正襟危坐的姿态，以便全神贯注地学习、交流或工作。"葛优躺"很舒服，但是也很容易走神、睡觉，不利于慎独，也不利于健康。

最后，我们谈谈内省。关于内省的名言名句简直不要太多。

曾子曰："吾日三省吾身：为人谋而不忠乎？与朋友交而不信乎？传不习乎？"——这是内省。

陶行知每日四问：第一问：我的身体有没有进步？第二问：我的学问有没有进步？第三问：我的工作有没有进步？第四问：我的道德有没有进步？——这也是内省。

现在，我希望同学们参考陶行知的建议，每天对自己也来四问：一问：我今天是否吃了垃圾食品，有没有锻炼身体？二问：我的学业有没有进步？是否还有未完成的作业？三问：我是否替父母干了力所能及的家务？四问：我的行为习惯有没有改善，我是否在精致地生活？

总之，你现在读什么书，思考什么问题，和什么样的人交往，有怎样的生活状态，将决定着你五年后成为一个什么样的人。倘若你现在每天睡懒觉，歪在沙发上玩手机，无休止地吃垃圾食品，和不学无术的人交流……我不知道开学后，你会成为什么样子……

除此以外，我知道有的语文老师还会在假期里和学生共读一本书，比如共读《平凡的世界》等。我还曾经和几个学生成立过诗歌朗诵小组，每天借用一些软件朗诵一首诗歌，都非常好！但是我的朗诵小组只有五个人参加，有待继续摸索更好的方式。

有了以上这些活动，相信同学们也就没有心思每天消极懒散"葛优躺"了。

30 "文青"学生总是 "无故寻仇觅恨"，怎么办？

李老师：

　　我酷爱读书，便在学校成立了"读书点亮生活"的沙龙，吸引了热爱文学的学生，每周举办一次活动。沙龙里有一个女生，长长的头发，柔柔的笑容，一望而知很"文艺"，却像林黛玉一样多愁善感，又如贾宝玉"无故寻仇觅恨"，总沉浸在自己的世界里，在同学中显得很另类……我应该怎样引领她？

温老师

　　这种喜欢文学、极具"文青"特色的学生，感情敏感而细腻，说她们像黛玉一般伤春悲秋，或者如宝玉一样"如傻似狂"，我完全能够理解。

　　甚至，我的青春期就是这样走过来的。

　　那时的我，动不动就要问天、问地、问自己："天尽头，何处有香丘？"于是满脸泪痕。或者叹息"已觉秋窗秋不尽，那堪风雨助凄凉？"便有满腹惆怅。那时的我对"梧桐更兼细雨"的场景格外喜欢，很容易让自己的心沉浸在朦胧的忧伤里。这应该是我天生有抑郁因子吧！在别人看来，我是"为赋新词强说愁"，其实我内心的确有着抹不去的悲哀和孤独……

一个从来没有经历我此类伤感的人，只怕难以理解我们这种人的心境——因为，"白天不懂夜的黑"。

所以，我看到朋友诉说这样的学生，我挺理解，也很心疼。既然这样的学生喜欢阅读，莫不如带她们从阅读中获得成长的力量。具体的做法是：

继续选择中外著名的文学作品，让多愁善感的同学们获得被同情、被理解的愉悦。就我本人而言，我在阅读"独立小桥风满袖，平林新月人归后"时，总觉得自己找到了知音。在那一刻，我和诗人有了深深的链接。这样的作品，是可以滋养我这敏感的心的。当作者用文字贴切地表达了我们的内心，我们甚至有大哭大笑后才有的畅快淋漓的舒爽。

师生共读哲学经典，以获得圣贤思想的滋养。比如共读恢弘大气的《庄子》、极具浩然之气的《孟子》等哲学书籍，以开阔他们的胸怀，扩大他们的视野，进一步感受"天地与我并生，而万物与我为一"的气魄。包括《论语》《道德经》、佛学经典……都能吹散我们心头的雾霾，让我们不再只关注个人的恩恩怨怨、喜怒哀乐，而放眼于世事乃至宇宙的风云变幻。我就是通过阅读这些经典，从多愁善感的女"文青"，成长为坚强乐观的职场女性的。这是我自己走过的路，也提供给这位同学。

在师生共读的同时，老师不妨写"下水"作文，用我们对人生、对世事的看法，去引领学生热爱生活。

比如，我有写日记的习惯。我眼见的点滴小事，朋友们的一颦一笑，园子里的一草一木……都可能成为我笔下的素材，供我抒发情怀。文章发到公众号里，自然会成为影响学生人生观、价值观的资源。

比如，2021年春节，我曾写下这样的日记。

垃圾车上的红玫瑰

早饭后，我照例到小区里锻炼。一边快走或慢跑；一边看花红草绿；

一边听鸟叫虫鸣。今年春来早，才正月初九，便有红叶李迫不及待绽放起了美丽，路边柳枝也柔软了身躯，在朝阳下风情万种地飘摇。其他花木的枝头，更是大张旗鼓地冒出颗颗花蕾，给人蓬勃向上的鼓舞。

如此良辰美景，怎可虚设？

沿着小区弯弯曲曲的跑道，转一个弯儿，远远看见一辆垃圾车停在路边，一个中年男子站在车上，拿着一米多高的黄色垃圾桶向车里倒垃圾。我跑步临近垃圾车，倾倒垃圾的垃圾桶里跑出来一个玻璃瓶子，"啪"地一声，摔碎在地上。出于本能，我看向破碎的瓶子，意外发现，垃圾车子的把手上，插着一支火红的玫瑰，绢制的，花外面还罩有一个圆圆的透明罩。

我一时感动到热泪盈眶：这是怎样一个热爱生活的师傅啊！你可以说他很穷：他爱玫瑰却买不起真花，便用绢花来点缀；你也可以说他工种脏：每天和垃圾打交道，却不忘在玫瑰上罩一个圆圆的玻璃罩遮蔽风尘。这朵花，是他自己买的吗？还是心爱的人儿送的？当他在倒垃圾的时候，瞥见这朵花，内心会不会更甜蜜？当他在发动垃圾车的时候，有花儿陪伴，感觉会不会更惬意？一朵火红的花儿，蕴含着多少情节曲折又荡气回肠的故事？这是一个有故事的人呢！

幸福——或者说精致的生活，向来和金钱的关系不是太大。我所散步的小区有很多别墅，隔着玻璃窗会看见有的家庭阳台上堆放着层层叠叠乱七八糟的纸箱子、各种各样已经损坏的玩具。无论多大的房子，不能好好收拾，做不到及时"断舍离"，还是会乱七八糟。同时，闲适的心境和从事的工种似乎也没有必然的因果。君不见多少人置身于春风里却看不见美，只是"花落水流红，闲愁万种，无语怨东风"。没什么可怨了，连东风都要怨恨一下：你这东风太可恨了，我的羽绒服还没有穿够，怎么就把百花给吹开了？哪里如这个垃圾车上的师傅，他只是热爱生活，他只是感触美丽，他只是用自己的细心去为一朵绢制的玫瑰花遮蔽风尘。

所以，还是不要身在福中不知福吧！尽情去感恩春风的拂面、朝阳的照耀和活着的美好。

于是，我快快地走，慢慢地跑，微微地喘气，静静地听，一边锻炼身体，一边想：南怀瑾说，一个得道的人，不仅仅要通过吃饭获得维生素、蛋白质、矿物质，还要有"思食"，即精神食粮——比如垃圾车上的红玫瑰，可能就是收垃圾师傅的精神食粮。一个人苦闷到极点，灰心到极点，没有精神食粮也会死掉，所以很多腰缠万贯、才华横溢的人会郁闷，会愁苦，鞠强教授直接说，全身僵硬、头疼及糖尿病患者，除了遗传、饮食等原因，可能需要看心理医生，需要"思食"，可能他们有内疚（另外还有"触食"，就是感受。有时候，我在散步的时候，想心事，或听课，就会忽略眼前花草的芬芳，鸟鸣的悦耳，以及脚踩大地的踏实，也就是没有活在当下，没有好好感受世界的美丽，生命的活力。回家后，便会觉得很累。这是没有做到"触食"，在此不做赘述）。

而垃圾车上的红玫瑰，虽然只是一朵绢花，对于垃圾车上的师傅而言，却是心头好。正如《小王子》所说，尽管世界上有无数朵玫瑰花，但小王子的星球上那朵，仍然是独一无二的，因为那朵玫瑰花，他浇灌过，给她罩过花罩，用屏风保护过，除过她身上的毛虫，还倾听过她的怨艾和自诩，聆听过她的沉默……一句话，他驯服了她，她也驯服了他，她是他独一无二的玫瑰。

垃圾车上的红玫瑰，被师傅照顾过、保护过、罩过花罩，甚至被师傅清洗过。

小王子对地球上的5000朵玫瑰说："你们很美，但你们是空虚的，没有人能为你们去死。"

垃圾车上的师傅也会对春风里的姹紫嫣红说：你们很美，但你们是空虚的，没有人能把你们放在车把手上，日日端详、欣赏。因为，师傅驯服了绢花，绢花也驯服了师傅。

亲爱的，你被驯服了吗？你驯服别人了吗？

完成于 2021 年 2 月 20 日

　　这样的日记，和学生距离甚近，能引起他们的共鸣。最关键的是，这样的文章多情而又积极，善感却又阳光。同学们读后，自然也会开朗起来。

　　2020 年暑假，我在上海正遇台风，写过这样一篇日记：

风中竹子在起舞

　　清晨，捧一杯清茶倚窗而坐，看窗外随风飘摇的竹林，忽而东，忽而西，忽而随意转一转，泼洒着少女秀发般的枝叶，生动灵秀，潇洒而恣意，婆娑又顽皮，丝毫没有被风吹被雨打的狼狈……

　　仅一瞬，我便和雨中竹林有了深深的链接……

　　这是上海的一个宾馆。我不是第一次在这里住，这次却因时间从容，留宿一晚，便有机会凝视窗外，静静地发呆……

　　窗外是一个小区花园，花园里也不尽然全是竹子，竹子的周围有榕树和石榴，隐隐约约能看见石榴花开得火红，在雨中，在风中，它们似乎纹丝不动，只有竹子精神百倍翩翩起舞——也许，是因为竹子长得比其他植物高？毕竟，自古就有"木秀于林风必摧之"之说。只是，被"风摧之"的竹子，未必就不享受这风中起舞的日子呢！

　　一动一静，多么美的清晨舞曲。

　　我是静的，身为一线教师，几十年如一日，在同一个单位，做同一件事情——教书、阅读、当班主任；我又是动的，每时每刻，我都在思索，在学习，在层层压力中做力所能及该做的事——不得不承认，有的压力是我自找的，就如同窗外的竹林，被风吹得东倒西歪也是它自找的。

　　然而，就是在这样的舞动中，竹子有了自信。

前天从武汉高铁站转车到汉口站，在手机上琢磨下载软件，以便扫码进地铁站。这样的事情在两年前，我是想也不敢想的。包括网上买票、抢机票……我那时统统不会，也不相信自己能学会。

如今，我却在"百度"的帮助下，一步步学会了……

这就是静中之动吧！

当我琢磨透了这些，凭空就多了安全感——因为我知道自己尚能适应社会；于是又多了价值感——因为没有可依靠的外力，便只有让自己变强变大。

人的自信来自哪里？

将近两年的时候，我尝试着不再去依靠他人，遇到事情自己跌跌撞撞连滚带爬去解决、去处理，其中有不顺、有无奈、有汗水、有泪水，也有挑战成功后的喜悦……

付出的是汗水，收获的却是满满的自信。

真的想为自己喝彩。就像窗外的竹子，它在风雨中自得其乐、翩翩起舞，坚强柔韧有弹性。它似乎饱受风刀霜剑严相逼，却活得张扬，舞得恣意，笑得豪爽……这样的压力，这样的催逼，也是钢化的过程。

我们应该向它学习，向它借力的：凡是打不倒我们的，终将使我们更强大。因之，我告诉自己：命运将我抛向任意一个地方，我都可以以这个地方为起点，力所能及地做好眼前任何一件事……

所谓不辜负自己的生命，是也！

完成于 2020 年 8 月 6 日

对于一个没有阅读孔孟老庄的"文青"，看到风雨中竹子飘摇，可能会感觉凄凄惨惨戚戚，禁不住顾影自怜、潸然泪下。但是，当我们受到了儒释道文化的浸润，我们其实是从竹子身上汲取了力量的，便写出竹子的坚韧、乐观、自信……在我们饱受生活苦难的时候，就会如庄子笔下的大鹏，"水击三千里，抟扶摇而上者九万里……"我们因为曾经和竹子发生过深深的连接，而能从竹子身上获得更多的力量。

　　把这些从大自然及经典书籍中汲取力量的观点告诉学生，她们会受到怎样的影响？

　　就算是我自己，如今重新阅读此文，还忍不住被感动、被净化、被激发……

　　我依然是"文青"，却不再"无故寻仇觅恨"……

31 想通过讲故事"防患于未然"，却找不到合适的资源，怎么办?

李老师:

　　你怎么那么喜欢讲故事? 你的故事都是从哪里来? 我也希望自己通过讲故事"防患于未然"，却在想给学生讲故事的时候，找不到合适的资源。其实，我也听过很多故事，我怎么就运用不到教学中来?

冯老师

　　在回答这个问题之前，先来看一个故事。

　　据说，动物园的管理人员总是把猴子的食物藏在大树上、草丛里，而不是直接放到猴子面前。有一些爱护动物的人曾对此提出异议。管理人员回答:"这些食物都是猴子不太喜欢吃，却对他们的身体极为有利的。如果直接把食物放到猴子面前，猴子看都不看它们一眼;但是如果把这些食物藏起来，猴子在经过一番找寻后找到食物，便会吃得津津有味……"

　　每个人都渴望体验发现真理的快乐。我们把道理直接讲给学生听，就如同把食物直接放到猴子面前，他们会理都不理。我们将大道理隐藏在小故事中，看透不说透，让学生自己去思索、去揣摩、去选择正确答案，学生会特别感兴趣。

那么，冯老师又提出了新的问题：我也想"防患于未然"，却找不到合适的故事，怎么办？

我建议从以下三方面寻找自己的故事，丰富教育资源。

一、他山之石，可以攻玉

简单点说，就是借用别人的故事，解决自己的班级问题

中国有句歇后语：八尺高的灯台——照得见别人，看不见自己。事情只要没有牵涉自己，同学们都很讲道理。一旦涉及自身，一个个便会迷糊起来，甚至揣着明白装糊涂。

因此，我们便需借用别人的故事，解决自己的问题。否则，一旦出事再讨论，有的学生铁定会对简单的道理想不通，到那时公说公有理，婆说婆有理，吵吵闹闹、哭哭啼啼，班级学习氛围一落千丈……

2016年10月某天，我接到广东一个班主任的求助短信，具体内容是：班里三个女孩子找到班主任，说她们放在寝室里的洗发水都被灌了水。三个人一致认为是同寝室的张同学所为，因为一个寝室四个人，只有张的洗发水里没被灌水。因此强烈要求——甚至逼迫班主任处理张同学。

班主任对我说："张同学人长得漂亮，成绩又好，平时老师们比较喜欢她。而她自己又有点自恋，爱显摆，在寝室里人缘不好，不受欢迎……我不认为这件事是张同学做的，但我没有证据，也调查不出来结果。那三个同学又不依不饶，班里别的同学也都是持观望甚至迎合态度，不讲是非……您说我该怎么办？"

我问："那三个洗发水里被灌水的同学，能找到张同学灌水的证据吗？"

班主任说："不能。她们只是猜测、怀疑是张某，态度便特别强硬，说一

定是她干的……逼我处分张某。"

……

我把这个案例拿到教室里讨论，问学生："你们觉得是张同学做的吗？"

学生纷纷摇头："我们也觉得不一定，但是那三个同学一口咬定……"

我便开始借"他山之石"，在班会上播放林正疆律师的演讲《法律的极限》（我也建议向我求助的班主任给学生开这样的讨论班会，播放林正疆的演讲），引导学生明白，遇事要重视证据原则。法律强调必须在证据确实且充分的情况之下，才能够将被告人定罪，否则就该无罪释放……

学生陷入深思，最后说："就算所有人都说是张同学干的，没有证据，也不能给她处分……"

"他山之石，可以攻玉"，高明就在这里。

当班主任这么多年，我经常遇到学生来告状："老师，这件事绝对是某某干的……不是他还会是谁……"言辞激烈，却只是猜测，不讲逻辑，还强迫老师支持自己。这时，老师就事论事根本不可能说服学生，而如上文一样，提前讨论别人的故事，会让学生明白，没有证据不可冤枉他人……

二、通过编故事，赋予故事新的教育内涵

平时在和老师们的交流中，总有人问："李老师，你讲的故事我也听说过，但是我怎么就没有想到这一层？"

这是因为，我常常和学生一起去讨论故事的内涵，甚至和学生一起续编故事，让学生自己去强化故事的教育意义。

俗话说"三个女生一台戏"，我所带的班级一般都是女生多，男生少。三十多个女生走到一起，会有多少台戏呢？她哭了，她闹了，她吃饭没有喊她了，她又说别人坏话了……每日里飞短流长，按下葫芦浮起瓢……

前段时间，在微信上看到一个故事《驴是怎么死的》，我讲给学生听。

驴是怎么死的

驴耕田回来，躺在栏里，疲惫不堪地喘着粗气，狗跑过来看它。

"唉，老朋友，我实在太累了。"驴诉着苦，"明儿个我真想歇一天。"

狗告别后，在墙角遇到了猫。狗说："伙计，我刚才去看了驴，这位大哥实在太累了，它说它想歇一天。也难怪，主人给它的活儿太多太重了。"

猫转身对羊说："驴抱怨主人给它的活儿太多太重，它想歇一天，明天不干活儿了。"

羊对鸡说："驴不想给主人干活儿了，它抱怨它的活儿太多太重。唉，也不知道别的主人对他的驴是不是好一点儿。"

鸡对猪说："驴不准备给主人干活儿了，它想去别的主人家看看。也真是，主人对驴一点儿也不心疼，让它干那么多又重又脏的活儿，还用鞭子粗暴地抽打它。"

晚饭前，主妇给猪喂食，猪向前一步，说："主妇，我向你反映一件事。驴的思想最近很有问题，你得好好教育它。它不愿再给主人干活儿了，它嫌主人给它的活儿太重太多太脏太累了。它还说它要离开主人，到别的主人那里去。"

得到猪的报告，晚饭桌上，主妇对主人说，"驴想背叛你，它想换一个主人。背叛是不可饶恕的，你准备怎么处置它？"

"对待背叛者，杀无赦！"主人咬牙切齿地说道。

可怜，一头勤劳而实在的驴，就这样被传言"杀"死了。

接下来，我让学生谈听了这个故事的想法。片刻时间，学生就总结出了同学间交往的禁忌。它告诫我们：

1.莫和别人抱怨，免得怎么死的都不知道。

也许平时我们就是那头任劳任怨的驴，身边传是非的人太多了，我们就有了可悲的下场！所以，学习生活中要保持高昂的情绪状态，即使遇到挫折、饱受委屈，得不到老师、同学的信任，也不要牢骚满腹、怨气冲天。这样做的结果，只会适得其反。要么招老师嫌，要么被同学瞧不起。

2. 不要轻易相信隔耳的传言，除非你当面证实，否则你会做出错误的判断。白白失去一个好朋友。

同学们发言完毕，我适时点拨：我们岂止就是那头冤死的驴？我们难道不是那只传话的狗、猫、羊、鸡和猪吗？无论是狗、猫，还是羊、鸡，都不能说是十足的坏人，他们是真的在同情驴，但是这样增添了自己感触的传言，就生生地害死了勤劳的驴……将来对同学、对同事切忌用投射心理猜测，更忌讳向老师、向领导反映。

投射是一个心理学术语，就是指人们往往会把自己所想的一些事情，强加到别人的身上，也就是我们俗话所说的"以己度人"。比如《驴是怎么死的》这则故事中，驴没有对狗说过自己要离开，但是大家在听到驴说自己很累后，就主观地加上自己对事情的理解，去相互传播。为什么？因为这些事情如果发生在他们身上，他们就会离开——至少，这些事情要是发生在鸡和猪身上，他们会选择离开，所以就把自己的想法强加在了驴的身上……请同学们牢记：静坐常思己过，闲谈莫论人非（很多同学把这句话当成了座右铭，写在笔记本扉页，或床头）。

学生对这样的讨论总是兴致勃勃。但是，故事的教育意义挖掘到这里还远远不够。我说："现在，我们把这个故事的结尾改编一下吧！"

学生纷纷表示同意，说："好的！我们不想让驴死。"

一个学生说："驴的主人是个很明智的人，他听到主妇的话，非常震惊。第二天，主人就带礼物亲自去看驴，发现驴的工作的确是太辛苦了。于是给驴放了一天假，又给驴涨了工资，并且给了驴一个'先进'或'最美劳动者'的称号，号召狗、猫、鸡、猪等都向驴学习。从此，驴对主人更加忠诚，工作也更加卖力，一辈子和主人相依为命。成为终生的朋友……而狗、猫、鸡、羊等，工作也十分尽心，动物庄园里一片祥和……"

学生纷纷点头："驴的这个主人好英明！"

"将来我们当了领导，也要像驴的这个主人，兼听则明，知错就改。"

我说："其实我们现在就是驴的主人，有人在我们面前说某同学的坏话，很多人可能连打听都不打听，就信以为真，从此将这个同学拉入黑名单——相当于杀死了驴。"

另一个同学站起来说："驴的主人听了主妇的话，非常生气。第二天他就找到驴去质问。狗、猫、鸡、羊和猪也没想到自己一番传言，竟导致主人要杀死驴，于是纷纷来向主人求情。大家相处在一起，才知道自己曲解了驴。于是狗、猫和羊、猪以及主人，都向驴道歉。从此大家幸福地生活在一起……"

同学们纷纷鼓掌。

我说："在这里，我们可能就是狗、猫、鸡或主人，就算我们有了过节，只要以诚相待，便会营造出一种和谐友好的学习氛围。要做到这一点，相互信任是先决条件。人之相交贵在知心，如果说话吞吞吐吐，做事遮遮掩掩，必然会引起别人的戒备之心。"

学生的思维，在潜移默化中深刻；课堂的魅力，由此而生。这属于潜意识沟通，让学生感受到，事情的发展，往往有无数可能，我们就是自己人生故事的编导。

三、引导学生自己在生活里找故事、讲故事

学生的思维活跃、个性张扬，老师的说教容易激起学生的反感，就算是故事讲多了，学生也会爱听不听。何况，随着年龄的增长，我们与学生之间不可避免要有代沟，我们给学生讲的故事，未必就是他们想听的。怎么办？

我在早会和班会上，增设了一个环节——新闻播报。就是让学生轮流到讲

台上讲自己在现实里、网络上看到的有兴趣的新闻故事，供大家讨论。

比如：2016 年 3 月 22 日，我班（学前教育专业）的学生找的新闻故事是：郑州市一个八十四岁的老人，在老伴去世后，就经常早上 6 点坐上公交车，或者沉思，或者睡觉，到终点站也不下车。司机把她叫醒，她还很生气。如此往返几趟，不说话也不活动。老人手腕上写着自己的姓名、家庭住址、儿子的电话。司机给老人的儿子打电话让他来把母亲接走。儿子说："我就算把她接回家，她还是要自己出来坐公交车，反而不安全，就这样让她坐下去吧！等末班车下班，我再来接她。"

负责播报的同学讲完，我让学生谈感想。学生纷纷说："老人太可怜了……"

"她就是因为在家里太寂寞了，才坐在公交车上的。"

"她自己在家里，万一身体有什么状况，连帮忙打电话叫 120 救护车的人都没有……"

我说："是的，这就是我们今天要讲的社会公德里关于家庭美德的内容。我们现在身强力壮，但都有年迈的一天。作为后辈，我们应该怎样对待家里的老人呢？"

学生："我们年轻人应该多陪陪他们，多和他们交流……""以后我的父母老了，我就天天陪在他们身边……"

我对她点点头，说："我很欣赏你！尊敬老人，是我们的传统美德。但是，你们觉得，是老人的孩子不愿意陪伴在老人身边吗？"

学生愣住了。

我说："他们也希望能陪在老人身边，能陪在孩子身边，无微不至照顾他们。但是，做子女、做父母的，要工作，要挣钱啊！如果一边上班，一边带孩子，一边陪老人，这可能吗？"

学生纷纷摇头。

我说："今天我们谈的是社会公德，包括了家庭美德。下次我们要谈的可能是职业道德。其实，职业道德和社会公德、家庭美德，有一致的地方，也有相互矛盾的地方。一对年轻人，上要赡养四个老人，下要抚养两个甚至三个孩子，又要上班、挣钱……我们所希望的多陪伴老人、孩子，这样的美梦在现实面前，很可能不堪一击。那么，同学们觉得，我们能为此做些什么呢？"

学生愣愣的。

我说："现在的幼儿园越来越多了，孩子大一些的时候，我们可能把他们送到幼儿园。但是老人呢？"

学生："送到敬老院去吧！"

我问："你们觉得老人喜欢现在的敬老院吗？"

学生摇头。

我问："为什么不喜欢？"

学生沉默。

我问："设想一下，如果我退休后，要到养老院里，什么样的敬老院才是我最喜欢的？"

学生："应该能读书、绘画、唱歌的养老院吧！还需要有一些志同道合的朋友。一般的只照顾您吃喝的敬老院您恐怕是不喜欢的。"

"但我喜欢的养老院，别的老人都会喜欢吗？"

学生说："他们可能喜欢打麻将、聊天。有的老人身体很不好，可能都不想动了。"

我说："对！那么，咱们的市场究竟应该怎样满足需求？"

学生纷纷回答："创办更多的更有特色的养老院……"

我点头："将来有一天，如果学前教育不再需要同学们这样的人才的时候，那么，办各种有特色的、高品质的养老院，可能就是一个很不错的选择，同时注意市场细分化……"

其实这样的故事，涉及了社会公德、家庭美德、职业道德，以及就业、创业，与学生的未来息息相关。

在另一个新闻播报里，学生讲的故事是：游客在吃自助餐，看到龙虾就抢，拿了足足一大盘……

我们趁机又温习了一下自助餐礼仪的要点：1. 走进餐厅，先从容地浏览一下今天的饭菜，再选择自己喜欢的食品。2. 吃多少，拿多少。不够吃，再拿。3. 不要帮助别人拿饭菜。因为各人口味不一样，不必显示过分的热情。

文章的最后，我们来聊聊学生自己找故事需要注意的事项：

1. 在引导学生自己做新闻播报的时候，我曾经反复强调，尽量不要找负面新闻，不要选择距离我们太遥远的话题，不要选择明星绯闻。

2. 每次播报结束，我还会和同学们一起点评负责播报的同学的选材及语言表达能力。这样，我们的话题便很有价值，思想也越来越深刻，学生的语言也越来越流畅。

3. 如果说老师主动给学生讲故事并赋予新的教育意义还比较简单，那么学生自己去网上寻找的新闻播报，往往对老师就有很大的挑战性，需要有一定的知识储备，反应敏捷，且具备平等、宽容等素质。因为有时候学生的观点很奇葩，我们还不能不让他们说，还要想办法引导，引导不成功还不能强迫，还要借用伏尔泰的话真诚地来一句："我坚决反对你的观点，但是我誓死捍卫你发表自己观点的权利……"这不是口号，而是一种生活态度，否则，我们的新闻播报是进行不下去的。

32 想将"事故"转变为"故事",怎么做?

李老师:

　　昨天听专家的讲座,专家说,要想办法把"事故"变为"故事",对此您怎么看?看您的班级成长日记,感觉您的故事特别多,还很精彩,为什么啊?

祁老师

我们先来聊聊"事故"和"故事"的区别。

"事故"和"故事",这两个词仅仅是文字的顺序不同,内涵却大相径庭。班主任对于班级成长过程中的一些问题,没有做好预案,矛盾一旦激化,造成手忙脚乱甚至不可弥补的结局,这叫"事故";班主任清晰地明白班级成长中存在的问题,提前设计、策划出一些活动,并在活动出现矛盾时,主动引领学生去思索、解决,促进"剧情"向大团圆结局发展,最后皆大欢喜,这就叫"故事"。

我的班级故事之所以多且精彩,是因为我在班级成长这个大舞台中,有时是主角,有时是配角,有时还是编剧和导演啊!

我们在生活中可以发现，有的人天生自带光环，无论走到哪里，都很吸引别人的眼球，因为他们能掀起或大或小、或好或坏的风浪。他们往往是生活的主角，受人瞩目，也被人议论。比如一些调皮学生，或者优秀的班干部。有的人喜欢跟在"风云人物"身边，做朋友、闺蜜也好，做小弟、"跟班"也罢，唯他人之意图为命，有时推波助澜，有时替人背锅。他们天生是配角。还有的人存在感极低，不参与所有恩怨是非，只是冷眼旁观，这些孩子一般是班级里沉默的大多数，成绩中等，文文静静……他们甘愿当观众，是透明人的存在。

那么，班主任在教室这个大舞台里，应该是什么角色呢？

你肯定不能当观众，也不能当配角。倘若班主任当了配角，整个班级舆论可能掌握在主角学生手里，我们的工作将非常被动。有一部分班主任老师当了主角，工作非常投入，和同为主角的学生明争暗斗，生活也算得精彩纷呈，却免不了又哭又笑、又喊又叫，一波三折。我年轻时当班主任就是这样，班级不停出状况，就像滚开的水，按下葫芦浮起瓢，班级在成长中走得跌跌撞撞，却也能化险为夷……这样的班主任往往和学生关系是非常好的。

一个成熟的班主任，应该集编剧、导演、主角于一身。班级里有故事了，老师就主导剧情往大团圆的结局发展；没有故事了，也要创造一些故事，增加学生的阅历，提供明辨是非的机会。

比如，我在 2012 年当班主任的时候，曾写过这样一篇日记。

做一个善于"折腾"故事的班主任

又是一年冬至到，按照惯例，学校各班都在包饺子。

我班学生煮了第一锅饺子，早早给我送来一碗，班长说："今年可不能再把您饿着了。"说完与我相视大笑——看起来同学们进步了哦！我们不约而同想到了去年冬至发生的故事。

去年冬至，我和同学们约好了上午第三节课开始包饺子，当我按时跑进教室，叮叮当当剁白菜的声音已迫不及待响起。教室里人声鼎沸、一片狼藉，同学们早把我前一天的嘱咐——把书本收好再开始包饺子——抛到了脑后。

学生兴致这么高，现在发火或讲道理显然是不明智的。怎么办？忽听小涛皱着眉说："老师，我担心今天中午吃饺子的时候，会吃出一块橡皮来。"我忍俊不禁，喊道："同学们听到小涛的话了吗？他担心中午吃饺子会吃出一块橡皮来。"学生"哄"地一声也笑了。几个女生齐动手，片刻间课桌上的书本文具就规整好了。

看着学生兴冲冲端着包好的饺子走进食堂，我悄悄转身回办公室去。这些孩子遇事过于激动，难免顾此失彼，我要给他们一个小小的教训。

四十分钟过去了，估计学生把饺子吃完了，我打电话给班长："同学们都吃过了吗？"

"都吃过了。老师，没有人吃出橡皮来。"

"还有剩余的饺子吗？"

"没有了。我们送给任课老师好多。"

我故意失望地惊叹："啊！我还没吃呢！你们把我给忘了。"

班长一下子慌了："老师，您不是一直跟我们在一起吗？怎么您还没吃啊？这……"接着听到她低声对其他人说："咱李老师还没吃饺子呢！"又有一个声音传来："老师，班长记错了，我们还有剩余的饺子，我马上就给您送去……"

我心头暗笑：看她们怎么给我送饺子。

十几分钟后，班长果真送来了饺子……

我们班饺子是猪肉白菜馅儿的，但我吃一个，是韭菜馅儿的；再吃一个，是萝卜馅儿的；再吃一个，竟然是素馅儿的……

下午走进教室，我真诚地感谢学生："今天我吃到了'百家饺'。真是难为同学们了。我想象着，你们拿着快餐杯到别的班级要饺子，一定是给人家赔笑说：'可怜可怜我们班主任吧！我们忘了给她留饺子，她现在快要饿死了……'"学生再次笑翻。班长说："就知道瞒不了您，那些饺子确实是我们讨饭讨来的。"

回到办公室，同事却埋怨我："明明可以和学生在一起吃饺子，偏偏要偷跑回来让人家忘了你，然后再让学生给你讨饭。你呀！你就是个喜欢折腾的人。有故事了与学生演绎故事，没故事你也要折腾一些故事……"

但是，聪明的，你告诉我，经过那一番折腾，学生是不是进步了？师生感情是不是更深厚了？回首往事是不是更有趣了？

在"折腾"故事的时候，一定要注意：

我们折腾的故事一定是以真、善、美为目的的，不可以催开学生潜意识里的"恶之花"。最好不要去考验人性。比如，一个学生身无分文，两顿没吃饭，你却故意在他面前放一杯牛奶、一个鸡蛋，你要考验他能不能禁得住食物的引诱……这太残忍了；还有一个老师，为了让自己班的后进生感受到同学的关爱，让别人把这个后进生自行车的气门芯给拔了，然后再让同学们去关心他……结果，同学在拔他的气门芯的时候，恰好被他看见了，这就事与愿违……

我们折腾的故事一定是在自己的可控范围之内，千万不可以折腾出一个自己收拾不了的局面，那就得不偿失、弄巧成拙了。

我们在折腾故事的时候，一定要给学生留个弥补的机会。比如，我在 40 分钟后打电话，那时我们班没有饺子了，但别的班的学生还在吃饺子（办公室有其他班主任），这就给学生留了弥补的机会。如果学生把我忘记了，我也不提醒，非要到下午上课，再去跟学生说。学生就会非常内疚、自责，觉得对不起老师。如此，会导致"施"与"受"的不平衡，破坏师生关系。

其实，班主任除了当导演和主角，也应该有当配角的时候。比如，当学生在成长中要走弯路，这个弯路可以丰富他们的人生，我们便把舞台交给他们，只是默默陪伴，预防酿出大错即可。当班级风平浪静的时候，再适当"折腾"

一下，这其实也是创造教育的契机，是充满了温情的游戏。

话说，人生本来就如戏，在设计好的戏里去成长，就是把"事故"变成了"故事"。

33 我也想引导学生，却不知道该对他们说些什么，怎么办？

> 李老师：
>
> 　　我是一个初为人师的年轻教师，内心特别想干好班主任工作，每天进教室很早，次数也很多。但是，我常常在教室里转了一圈又一圈，就是发现不了问题……我也想引导学生，但不知道该和学生说什么……如果我只是空有一腔热情，也愿意付出时间和精力，却抓不住教育契机，也不知道发现教育契机的原理，我将永远都是拼体力……怎么办？
>
> 　　　　　　　　　　　　　　　　　　　　　　　　钱老师

　　看到钱老师的问题，我想起来，曾有年轻的朋友问：李老师，您怎么无论看见什么，都能想到学生的成长？那些典故、观念好像是信手拈来。我怎么才能做到这一点呢？

　　认真思忖，还真是这样。

　　比如，端详着教室里的一盆吊兰，我会说："希望同学们的生命力像吊兰一样旺盛，只要有水，就能成活……"又说："希望同学们像吊兰一样，有净化空气的作用，让社会因我们的存在而更加美好……"后来，朋友送了我一株仙人柱，我把它带到教室里，和吊兰一起养。为了一视同仁，我在为吊兰浇水的时候，也会给仙人柱浇水……然后，我就眼睁睁地看着仙人柱在浇水后十分钟，根部一点点腐烂……这时候我才意识到，仙人柱耐干旱，浇水多了会死。当天就写了一篇文章，谈到我们面对不同的学生，所谓的公平的爱，有可能成为致命的伤害。

我带的 2003 级幼师 2 班的教室起名"揽月斋"，我说："愿我们揽着一片静谧的月光去学习、去思索、去成长，内心一片祥和……"教室的天花板上零星点缀着星星，我说："天上只有一轮明月，如果做不了月亮，就做一颗星星吧！星星也有自己的充实和快乐……考上名牌大学的学生毕竟是少数，竞赛中的冠军也只有一个。上不了名校，当不了冠军，我们就做积极向上、乐观健康的自己，像星星一样……"

班里最调皮的小亮旷了半节课，却不让班干部记录。他说"中午和朋友在一起吃饭，朋友晕倒，我把朋友送到了医院，所以迟到……我总不能看着朋友生病而不管吧……"

我说："你选择了旷课送朋友去医院，就要面对选择的结果——被记录旷课。同时我们也会赞美、认可你的助人为乐……将来你走上工作岗位，每天在大街上做好事，却因做好事而迟到，单位也会扣你钱的……勇于为自己的行为负责，才是有担当的表现……"（事后发现他没有朋友晕倒。这是后话）

凡此种种，每时每刻都发生在我的教学生活里。

每每有朋友问，为什么你能在事情发生的一瞬间想到这么多。

因为，如果你的手里只有一把锤子，你会将所有遇到的问题都当成一颗钉子。因为我只会当教师，我手里只有一把锤子啊！

在《大脑幸福的密码》中，作者说，人的大脑当中有很多神经元，这些神经元之间在不断地连接，从而产生神经回路。这些神经回路，会引导我们对事情产生直接的反应。比如有的人天生悲观，看见阴雨绵绵，整个心情都是灰的。

因为他的神经回路当中搭了一条悲哀的线。有的人天生喜静，每到细雨如酥，便觉得好有诗情画意。因为他的神经回路当中搭了一条浪漫的线。

我思索学生成长比较多，我的神经回路当中，搭的一直是教育的线，我相信很多有经验的教师都和我一样。

那么，对于一个刚入职的年轻教师，神经回路怎么"搭"上德育的线，去发现并抓住引导学生的契机？

神经界的达尔文主义有一个原则——"忙者生存"（自然界是适者生存，我们现在说的是神经界）。就是说，我们头脑当中经常使用的神经元，会变得很发达。我们的神经是越忙越发达。因为大脑天生具有选择性：有的人喜欢八卦，她看到任何八卦的消息都会去留意。她神经回路间八卦的线就会很发达，总能看到花边新闻。有的人热衷财富，他神经回路里财富这条线就很发达，总能看到别人意识不到的商机……

换句话说，我们所关注的东西，是我们大脑的塑造者。我们对思维驻留之处的选择，有着相当大的影响力。这意味着我们可以随意延长、甚至创造体验，来更好地塑造我们的大脑，搭出想要的"线"，并让它越来越发达。

你看见花鸟草坪、日月星辰，想到的是教学、是学生，你在这方面的神经回路的线，就会很发达。林黛玉看到春露秋霜、寒来暑往，感叹人生苦短、岁月如梭，她的大脑在那方面的神经便会越来越发达。

我们的神经如何发展，其实是由自己决定的。我本科读的是音乐教育；现在的职称是德育正高级讲师；任职资格除了教师资格证，还有国家二级心理咨询师和国际健康管理师资格证；出版了十一本书，是河南省作家协会会员；对哲学深感兴趣……所有这一切，都是围绕"班主任工作艺术"这个点，搭起来的神经元网络。

所以，我们要用一生的时间，来建立自己的知识架构，这样才便于发现问题，并在第一时间想到解决的方法。

前一段时间，有一个朋友给我留言，大致意思是：李老师，我非常喜欢看您的文章。但是，您文章里配的广告，实在是太煞风景了！您能不能把这些广告去掉啊？

我吓了一跳，问："什么广告啊？"

他给我发过来，我一看，都是一些言情小说之类，标题起得很吸引眼球，确实不太好。我马上打开自己的手机看公众号，却发现我这里的广告都是演讲、播音、美妆之类。我就纳闷了：怎么我这里的广告和他的不一样呢？

后来，我咨询身边年轻的朋友才知道，现在的大数据推送的原理是：如果你曾经看过什么内容，大数据就默认你对这方面的内容感兴趣，就会主动推送这方面的内容给你，然后你看得越来越多，会越来越喜欢……

这个大数据，其实和我们的大脑一样。只要我们思索某一类事情多了，大脑会自动推送这样的信息给我们。"忙者生存"嘛！你看见的，永远都是你希望看见的。

文章写到这里，您大约就知道如何找到引导学生的点了——经常思索，并围绕你的兴趣点，去阅读、去实践、去重建自己的知识架构。

34 班主任守住"初心"，
则可能"竹篮打水"怎么办？

> 李老师：
>
> 　　班主任想要守住初心太难了。不守初心可能众人喝彩，守住初心则可能竹篮打水一场空。如此处处都是两难的选择，怎么办？
>
> 秦老师

　　秦老师之所以有此困惑，是因为他看到我班级日记里的一则故事：我班四五个学生早读的时候，迟到了15分钟。当我问起缘由，学生说：她们本来只迟到一分钟，但是如果当时她们进教室，就会被学生会干部记录迟到。为了不扣班级考勤分，她们躲进了厕所，由迟到一分钟，延长到迟到十五分钟，等学生会干部走了以后才出来……迟到的学生沾沾自喜，班里其他同学也把她们当功臣——避免了班级扣分嘛！而我当时评论说，这是举着"遵守纪律"的旗帜，做着"反纪律"的事情。结果，全班同学都反对我，说"厕所里躲了外班的很多学生……""我们班之所以总是得不了红旗，就是因为老师太死心眼……"

　　于是秦老师发出了"守初心则竹篮打水一场空"的感慨。

我其实非常理解秦老师。萨特说："人的一生就是一连串的选择，无论我们的存在是什么，都是一种选择，甚至不选择也是一种选择，即，你选择了不选择。"

所以，两难的选择的确处处在。不过，我却认为，这并非"守初心"难的问题，而是只要不忘初心，选择起来就不难。

我们的初心是什么？我们应该怎么选择？

教师的职业生涯规划一般有两种：第一，走专业技术（教师成长）的道路，主要体现在职称和学术层面；第二，走管理的道路，主要体现在岗位职责的晋升上。

如果你的初心就是做一个学生欢迎的班主任，你遇到问题该怎么选择？

应该说，班主任的业绩和学生的成长多数时候是一致的，但也有相悖的时候。当学生的成长和班主任的荣誉发生冲突的时候，这个教师怎么选择，决定着他将来是成为一个教育家，还是一个教书匠。很多优秀的一线班主任之所以在学校各项量化考核中业绩不是太好（当然也不会太差），就是因为在学生的成长和个人荣誉发生冲突时，他们选择了学生成长——这是成为教育家的前提：学生第一。

那么，如果你的初心是做管理者呢？遇到问题会怎么选择？

从教师到管理者，首先要分清教育和管理的区别。

王晓春老师在《做一个专业的班主任》一书中说："用适当的管理来保证教育和促进教育是一回事，把教育看成管理或者认为教育基本上是管理，则完全是另一回事。"

按照我的理解，如果一个教师的初心是要做学生欢迎的班主任，他最应该关心的便是学生，他的眼睛是朝下的，他的工作是以学生的成长为目标的；如果一个教师的初心是想走管理的道路，那他就必须为领导负责，他的眼睛是朝上的，他的工作是以完成任务为目标。

这么一区分，一切都简单明了——你的初心，决定着你每时每刻的选择。

李丹老师看到我的文章，提出了这样的问题：

> 其实，学生为了班级，愿意在肮脏的厕所藏匿十几分钟，这算不算一种"善"呢？几乎班级学生都赞成这种选择，这算不算一种对班级的"爱"呢？学生们的善与爱，都是源于真实的内心，不是为自己，而是为他人。其实，我们老师需要做的，也许是教会学生如何去正确地善，如何去正确地爱……

李丹老师最后一句话说得很好，我们需要做的，是教会学生如何正确地善，如何正确地爱。学生迟到藏匿厕所认为的善和爱，都不是真善，也不是真爱。无论表面上的言论多么冠冕堂皇，假的就是假的，尤其是在学校里，更不能让学生有自以为是的善。

网上流传一段话："……当善良失去原则的时候，可能比恶还恶。它的可怕之处在于披着善良的外衣，轻易就能得到很多人的理解与宽容，然后蔓延开来。"

学生本来迟到一分钟，却跑到厕所停留十五分钟。老师根据班规批评她们，别的同学还说："她们也是为了咱班荣誉啊！"——这次打着"我是为班级荣誉"的旗帜违纪，下次呢？会不会打着"我是为集体好"的旗帜闯更大的祸？

所以，作为一名班主任，面对的是尚未成年的学生，一定要有原则性。对就是对，错就是错，否则贻害万年。

很多人都曾经遗憾，说我的经历太过简单，一直都是一个普通的一线教师。若是经历再丰富一点，可能发展就更好了。甚至有朋友说："给你个校长当当估计也能胜任。"

看完这篇文章，也许您就知道了，我是当不了校长的，我连中层干部都胜任不了。首先，我的初心即为做一个美丽智慧有影响力的一线教师，所以我才会不停阅读、反思、书写、讲课……为此受苦受累却甘之如饴；其次，管理和教育，负责的对象、目标、眼睛朝向均不一样，却又难灵活调整。

如此，让我们守住初心，做最真实的自己。

35 当"庖丁"遇到 "犟牛",怎么办?

> 李老师:
>
> 　　牛年大年第一天,我看到干国祥老师给老师们布置了一个命题作文《当庖丁遇到犟牛》……也请班主任们聊一聊,工作中你遇到的"犟牛"多吗?他们是怎样的表现?面对他们,你是"庖丁"吗?你怎样当上"庖丁"的?当"庖丁"遇到"犟牛",怎么办?
>
> 翁老师

　　我非常喜欢这个话题。

　　牛,可以比喻为我们面对的世界、社会、工作、班级、学生……甚至年前的大扫除、除夕的年夜饭,当然还有养生。庖丁解牛的关键,在于熟悉牛身,顺势而为,能游刃于骨缝,避免刀子和骨头硬碰硬。这里的"骨头"毋宁说是困难,是犟牛的顽劣个性不配合——纵然你有千条计,我有我的牛主意。从教师的工作层面讲,我们遇到的"犟牛"多乎哉?

　　好多也!

　　不过,有的老师天生温顺、懂事、进退得宜,工作中遇到"犟牛",他们会圆滑地避重就轻，一方面不相信"犟牛"也有主动耕耘的时候，一方面悻悻然曰："遇到学生捣乱，我不和他们做正面交锋，我让他们找班主任去……"以此假装不知道"犟牛"硬骨头的存在，悠悠然自得其乐。他们的工作不出差错，却也无所谓成绩，尤其没有对工作的兴趣。有的教师从小就犟，上学期间就是"犟牛"，从业后，遇到"犟牛"越发犟。但是他们的犟表现在思索上，他们会纳闷：这个学生，他为什么这么犟？是我没有找准关键所在吗？是我的刀刃太钝吗？是我的手之所触，肩之所倚不够到位吗？是我足之所履、膝之所踦有偏差吗？

如此犟而又犟地三省吾身，方能成为"庖丁"，获得家长、学生赞叹：善哉！技盖至此乎？

"庖丁"非圆滑之人。现实里圆滑之人惯于逃避责任、避重就轻，他们怎么可能热桌子冷板凳、几十年如一日、全身心投入去研究牛体的构造？没有研究，没有全身心投入，又怎么可能吻合《经首》的乐章？

面对和自己一样犟的"犟牛"，"庖丁"除了有遇到困难的兴奋，更多的还有敬重——所有热爱工作的人，都对自己所从事的事业，有发自内心的尊重，才会在挑战困难中产生胜任感，提高自我效能感，最终掌握在解牛时的音律之美。

故而，"庖丁"遇到"犟牛"，会彼此尊重，会惺惺相惜。君不见受学生欢迎的班主任，师生交往很多时候不像师生？"庖丁"理解，牛之犟本性使然，如青春期孩子的叛逆乃正常现象，因为"庖丁"也很犟。那些从来没有犟过的人，显然不能理解牛之犟，又不肯内省，不肯反思，注定了成不了"庖丁"，此谓"白天不知夜的黑"。

"庖丁"之所以成为"庖丁"，源于解牛中遇到过无数的"犟牛"，如优秀教师的成长，离不开一群问题学生的成全和培养——你永远也想不到那些叛逆的学生第二天会给我们出一个怎样的难题。所以要读书，要听课，要学习心理学、哲学……

能在牛年第一天给老师们布置作业《当庖丁遇到犟牛》的老师，必也如"庖丁"一样倔；同时，在大年初一还思索教育问题写作业的老师们，也估计和"犟牛"一样犟。

李迪愚鲁，一直以为世界上少有我这样在春节还笨笨地学习解牛的人。如果有，也就是微信群里少数兄弟姐妹，不料竟有人在新春佳节还思索"庖丁"遇"犟牛"，如此，虽冷清，却不孤单，甚至自觉温暖。

忽然想起了海桑的诗：

> 世界巨大
>
> 我以渺小来爱它
>
> 时间悠长
>
> 我以短暂来爱它
>
> 我急切、滚烫
>
> 配得上慢慢活着
>
> 也配得上突然死亡
>
> ——海桑《世界巨大》

我以渺小、短暂来急切、滚烫地爱世界、爱生活、爱家人、爱自己，未来的日子无论遇到"庖丁"，还是遇到"犟牛"，我都心坦然、神坦然、心神坦然应对一切。